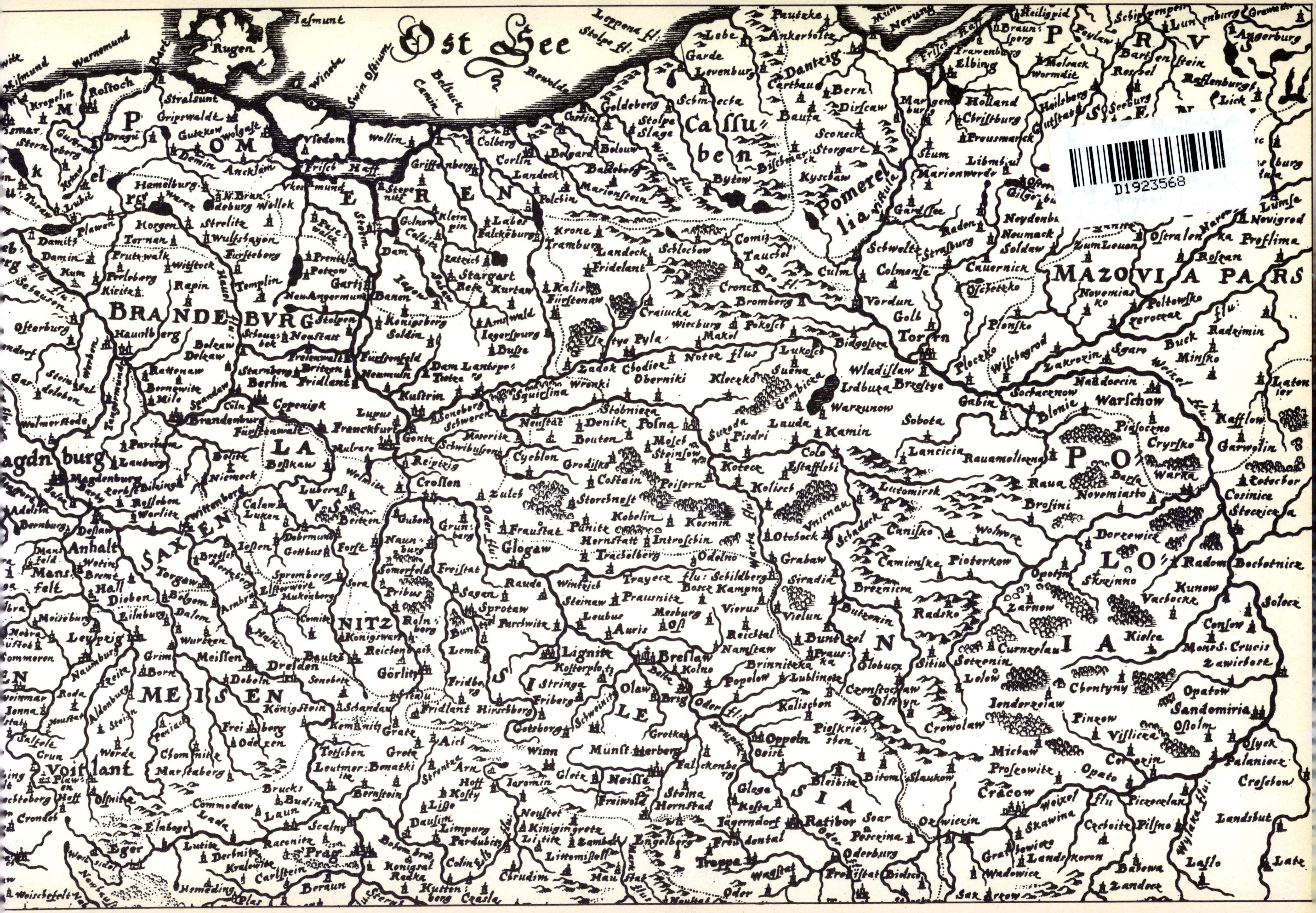
Ost See
Rugen
Rostock
Stralsunt
Gripswaldt
Wolgast
POMEREN
Anclam
Wollin
Colberg
Dantzig
Cassuben
Pomerelia
Elbing
PRVSSIA
MAZOVIA PARS
BRANDEBVRG
Berlin
Brandenburg
Francfurt
Custrin
Magdenburg
Wittenberg
Anhalt
SAXEN
LAVSNITZ
Leypzig
MEISEN
Dresden
Voitlant
Prag
Eger
Glogaw
Lignitz
Breslaw
SLESIA
Neisse
Oppeln
Ratibor
Troppa
Warschow
POLONIA
Cracow
Sandomiria
Radom
Thorn
Culm
Gnesna
Posna

Die Elbe

Ein *terra magica* Bildband

Mit Textbeiträgen von:

Arnulf Baring · Dirk Bavendamm · Konrad Franke · Willi Gasber · Dieter Hoffmann
Brigitte Jeremias · Paul Kalinowski · Hannelore Kleinschmied · Hans Lindemann
Ernst Otto Maetzke · Sten Martenson · Joachim Nawrocki · Wolfgang Nette
Wolfgang Paul · Peter Pederson · Peter Pragal · Hermann Rudolph · Albrecht Timm
Klaus Wiborg

J. Albrecht Cropp

Die Elbe

Von der Quelle bis zur Mündung.

Reich Verlag Luzern

Inhalt

Einleitung

Die Elbe in Böhmen

Die Elbe in Sachsen

Die Elbe in Sachsen-Anhalt

Die Elbe heißt in Böhmen Labe

Die böhmische Elbe strebt zuerst nach Südosten, der Donau und dem Schwarzen Meer zu. Unter der Schneekoppe, bei Spindlermühle, dem berühmten Fremdenverkehrsort des Riesengebirges, hat sie ihre Quelle. Bald stürzt sie sich im Elbfall in ein stilles Bergtal, das im Sommer noch Wanderer sieht und Schlittenfahrer im Winter. Es ist das Gebirge Rübezahls, des Riesen mit der Keule, von dem die Sage geht, daß er über verirrte Wanderer wache. Als Roland der Wäldler symbolisiert er die Gerechtigkeit in der Bergwildnis. Rübezahl-Darstellungen sind noch in den Städten des Tieflandes zu sehen, an denen die junge Elbe vorüberfließt.

Anfangs ist sie ein reißender Wildbach, neben dem die Landstraße läuft. Noch im fahrenden Auto hört man sie brausen. Sie schäumt an Bauden vorüber, in denen – wie in alten Zeiten – noch übernachtet wird, an Gasthöfen und Rastplätzen vorbei. Hohe Tannen werfen ihre Schatten auf das Wasser. Erst bei Hohenelbe, am Ausgang des Gebirges, wird aus dem Wildbach die sanfte junge Elbe, die von den Tschechen Labe genannt wird. In Hohenelbe beginnt der Fleiß Böhmens mit Flachsindustrie, in Arnau mit Papiermühlen. Einst reichte das deutsche Siedlungsgebiet von Spindlermühle bis Königinhof und Kukus, dessen großzügige Schloßanlage der Tiroler Barockbildhauer Mathias Braun für den Reichsgrafen Sporck in der zweiten Hälfte des 17. Jahrhunderts mit Skulpturen ausgestattet hat. Sporck war der Sohn jenes Generals, den Rainer Maria Rilke in der „Weise von Liebe und Tod des Cornets Christoph Rilke" literarisch überlieferte. Schlösser und Parks werden die Elbe bis ins norddeutsche Flachland begleiten. Selten ragen Burgen oder deren Ruinen an ihren Ufern. Vor Josefstadt ist die Elbe nach Süden abgebogen. Sie hat wohl gemerkt, daß Böhmen, in dem sie sich das erste Drittel ihres Flußbettes graben muß, in einem weiten Kessel liegt. Schwer ist es, von dort ins Meer zu gelangen. Nach Südosten, auch nach Süden, verwehrt ihr das Böhmisch-Mährische Hügelland den Weg zur Donau. Noch zögert sie, einen anderen Ausweg zu suchen, während sie an der Festung Königgrätz vorbeifließt. In der Schlacht von 1866 siegten hier die Preußen über die Österreicher und Sachsen. Dem Touristen werden noch die alten Kriegerdenkmäler gezeigt.

In Pardubitz hat sie sich dann für den Weg nach Westen entschieden. Sie biegt in einem scharfen Knick ab, wird sich durch ein Gebirge im Nordwesten den Weg bahnen, um schließlich die Nordsee zu erreichen. Sie fließt jetzt in einem fruchtbaren Tiefland an Städten vorüber, die oft ihren Namen mit der Elbe verbunden haben – Brandeis an der Elbe oder, tschechisch, Brandýs nad Labem. Die Labe ist die Elbe, und die Elbe ist die Labe. Ströme haben mehr als einen Namen.

Von Kolin bis Leitmeritz fließt die Labe auf dem Boden des böhmischen Kessels. Um voranzukommen, muß sie viele Schleifen legen, wie später wieder im norddeutschen Tiefland. Bei Kolin streift sie ein anderes Schlachtfeld. 1757 unterlag dort Friedrich der Große mit seinem Heer den Österreichern und Sachsen. Es war für den Eindringling aus Preußen mehr als nur eine verlorene Bataille. Über eine morsche Brücke konnten sich die Geschlagenen bei Minburg zurückziehen. Die Elbe rettete den Preußenkönig, den die Österreicher nicht über den Strom verfolgten. Flüsse haben ihre Geschichte. Sie machen auch Geschichte, vor allem Kriegsgeschichte.

Bei Melnik vereint sich die Elbe mit der Moldau, sie wird stärker. Von hier an ist sie schiffbar. Die Moldau kommt von Prag, sie ist der längste Fluß nicht nur Böhmens, sondern der ganzen Tschechoslowakei, der Strom der Tschechen, den sie besingen und lieben, der ihnen ganz gehört. Die Labe wird bald zur Elbe, sie entfernt sich aus ihrem Land, die Moldau bleibt ihnen. Von Melnik sind es 846 Kilometer bis nach Hamburg, bis zur Nordsee kommen dann noch 142 Kilometer hinzu.

Bisher war die Labe ein Wildbach und ein Fluß. Jetzt, mit den Wassern der Moldau, ist sie ein Strom geworden, eine große Wasserstraße seit alters her, die nicht trennt, sondern verbindet. Sie ist Heerstraße und Verkehrsweg, ehe die Eisenbahnen sie an Schnelligkeit übertreffen und die Straßen vom Kraftverkehr überwältigt werden. Bahnlinien und Landstraßen begleiten sie, eine Autobahn aber duldet sie bis heute nicht neben sich, weder hier in ihrem böhmischen Teil noch in Sachsen und auch vor Hamburg nicht.

An der jungen Elbe bei Hohenelbe/Vrchlabí

Früher kamen aus Böhmen die Holzflöße, auf denen die Flößer ihre Kaffeefeuer brannten. Lautlos glitten sie über den Strom. Dann quälten sich Kettenschlepper geräuschvoll stromauf. Die schwere Kette, die auf dem Grund der Elbe ruhte, ließen sie über ihre ganze Länge laufen, um sie dann wieder dem Strom zurückzugeben. So „hangelten" sie sich lärmend mit ihren Lasten vorwärts, flußaufwärts.

Die Elbkähne, Zillen genannt, die talwärts schwammen, mußten ihnen ausweichen. Bevor es die Kettenschlepper gab, wurden die Zillen an langen Leinen bergwärts gezogen. Der Pfad dicht am Strom hieß der Leinpfad. Noch heute gibt es diese Bezeichnung für die schmalen Trampelpfade am Ufer. Dann kamen die Motorzillen, die Dampfschlepper, deren Bahn von den vielen Elbfähren sorgsam umschifft wurde, um Zusammenstöße zu vermeiden. Heute sind es Schubboote, die aneinandergekoppelte Lastkähne bugsieren. Staustufen, die sich in die Landschaft einkerben, regeln die Wasserhöhe.

Der landwirtschaftliche Überfluß Böhmens, der Kornkammer des alten Österreich, aber auch handwerkliche Erzeugnisse wie Kleider, Waffen und Glas, wurden auf der Elbe nach Deutschland und in den Seehafen Hamburg gebracht. Pilsner Bier und böhmischer Schinken, Steinkohle aus Dux und Brüx nahmen im Austausch gegen alles, was der Norden dem böhmischen Binnenland zu bieten hatte, den Wasserweg. Für Fracht und Fahrgäste war einst die Sächsisch-Böhmische Dampfschiffahrtsgesellschaft zuständig, die eine „weiße Flotte" unterhielt, viele Schaufelraddampfer, die zwischen Torgau und Leitmeritz verkehrten, wo Passagiere und Waren von den kleineren Moldauschiffen übernommen wurden.

Beim Kanu-Training vor Hohenelbe/Vrchlabí

Das Elbsandsteingebirge mit der sächsisch-böhmischen Grenze, später der deutsch-tschechischen Grenze, heute der Grenze zwischen DDR und ČSSR bei Schmilka/Herrnskretschen, hieß einst die Sächsisch-Böhmische Schweiz, wie die Baedeker aus der Zeit vor 1933 noch mitteilen. Der leicht zu bearbeitende Sandstein dieser „Schweiz", die ihren Namen zu Anfang des vorigen Jahrhunderts von den Romantikern erhielt, wurde auf den Zillen billig talwärts und bergwärts transportiert. Aus ihm erwuchs so wunderbar der Barock Böhmens und Sachsens.

In Melnik hat die Elbe die Moldau aufgenommen, bei Leitmeritz und Theresienstadt kommt die Eger hinzu. Jetzt ist sie stark genug, um gegen die Gebirge anzugehen, die sie durchbrechen muß. Die Eger kommt aus dem Fichtelgebirge, sie nahm vor der großen, steil ins Tal abfallenden Bergwand des Erzgebirges viele Bäche und kleine Flüsse auf, trug ihr Wasser an vielen schönen Städten, an Kurorten wie Karlsbad vorüber. Vor dem Böhmischen Mittelgebirge wich sie wieder zurück, um die Elbe zu treffen.

Wir sind in Leitmeritz, das über eine lange Brücke mit Theresienstadt verbunden ist, einst als Festung von Maria Theresia gegründet, heute und auf lange mit der Erinnerung an das Konzentrationslager der Hitlerzeit verknüpft. Der gotische Glockenturm von Leitmeritz stammt aus dem 13. Jahrhundert, der Markt ist weiträumig angelegt. Die heutige Bezirkshauptstadt war als trinkfreudig bekannt: „Der muß Glück haben, der von Leitmeritz ohne Rausch fortkommt", so wußte es ein geflügeltes Wort, das im 17. Jahrhundert aufkam. Doch schon 1248 hatte der Dichter Ulrich von Eschenbach die „sueze und milde" des Elbweins gerühmt. Von hier bis zur Grenze wohnten Deutsche, Deutschböhmen oder Sudetendeutsche genannt. Hopfen für böhmisches Bier wird in der Nähe angebaut. Weinberge ziehen sich am Elbufer entlang, große Obstbaumanlagen sind zu sehen, die im Frühling ein Blütenmeer über Tal und Hügel breiten.

Nun sind wir schon im Böhmischen Mittelgebirge, durch das die Elbe wie zur Einübung für schwierige Durchbrüche ihr Bett gegraben hat. Es wird auch Porta Bohemica, Böhmische Pforte, genannt. Eine bizarre Bergkegellandschaft aus vulkanischen Phonolithen, Basalten und Graniten, die durch die Sandsteinablagerungen der Kreidezeit gestoßen sind. Heinrich von Kleist schrieb: „Eine herrliche Gegend, wo das ganze Land aussieht wie ein bewegtes Meer von Erde, die Berge wie kolossale Pyramiden, in den schönsten Linien geformt, als hätten Engel im Sand gespielt".

Am Ufer der Elbe liegen kleine Sommerhäuser für die Großstädter. Einst und heute sind es Urlauber aus Dresden und Prag, die in Salesel ihre Sommertage verbringen. Aus der DDR fährt man in die ČSSR ohne Visum. Über dem Strom steht das Dubitzer Kirchlein, ein Wahrzeichen an der Elbe, wie eine Ritterburgruine am Rhein.

Ehe wir uns dem großen Industriezentrum Nordböhmens, der Stadt Aussig, nähern, stellt sich auf dem rechten Ufer der schroffe Fels des Schreckenstein in den Weg, dazu die Staustufe, die dem romantischen Gestein etwas Gewaltsames hinzugefügt hat. Der Schrekkenstein war für die sächsischen Künstler so etwas wie der Loreleyfelsen. Richard Wagner, Hofkapellmeister in Dresden, verlor hier seine Sehnsucht nach Italien. Am Schreckenstein entwarf er die Oper „Venusberg", aus der dann der „Tannhäuser" geworden ist. Carl Maria von Weber, einer seiner Vorgänger als Hofkapellmeister, hatte elbabwärts bei Pillnitz und in den Schluchten der Sächsischen Schweiz Motive für seine Oper „Der Freischütz" gefunden. Ludwig Richter malte die „Überfahrt am Schreckenstein", den Kahn unter dem Felsen, in dem sinnend ein Wanderer steht – ein großartiges romantisches Motiv. Caspar David Friedrich hat uns das Gebirge naturgetreu überliefert, weite Blicke in die Ferne auf Pyramidenberge wie den Milleschauer.

Heute endet am westlichen Stadtrand von Aussig das große Kohlenrevier, am rechten Ufer stehen Fabriken. Zu Zeiten der Donaumonarchie übertraf der Warenumschlag in Aussig den des Adriahafens Triest. Teplitz liegt in der Nähe, die Badestadt. Nun endlich, nachdem die Elbe alle Wasser Böhmens gesammelt hat, setzt sie zum Durchbruch nach Norden an. Sie erzwingt sich den Weg durch das Elbsandsteingebirge, das bei Tetschen und Bodenbach mit Tafelbergen beginnt und mit steilen Kletterfelsen, mit Sandsteinbrüchen hart am Ufer. Die Stille wird von ratternden Eisenbahnen gebrochen, die am Ufer entlangeilen. Das Wasser scheint schneller zu fließen. Die Schiffe fahren wie in einen Canyon ein. Die Talwände hallen vom Echo wider. Am rechten Ufer erscheint Herrnskretschen, das letzte Kirchdorf Böhmens vor der Grenze, ein Touristenort, von dem man einst mit der Fähre zum sächsischen Ufer, nach Schöna, übersetzen konnte. Die Häuser drängen sich in das schmale Seitental des Baches Kamnitz, der weiter oben in der Edmundsklamm zu einem kleinen See aufgestaut ist.

Hier verläßt die Elbe ihr erstes, böhmisches Drittel, von der Labe spricht nun niemand mehr. Schmilka heißt der deutsche Ort an der Grenze, dann folgt Bad Schandau. Auf der Höhe von Schmilka wenden jetzt die Schiffe des Personenverkehrs, der aus Dresden und Meißen kommt, um flußabwärts heimzukehren. Im Sommer fahren sie gegen Abend der rotglühenden Sonne entgegen, die zwischen die Tafelberge sinkt, den Lilienstein und den Königstein.

Das Wasser des Stromes wird vom Schiffsbug zerteilt, während es magisch von der Sonne berührt zu werden scheint. Die dunklen Sandsteinfelsen, bemoost, von verkrüppelten Bäumen bedeckt, ziehen schweigend vorbei. Erweisen sie ihre Reverenz der Elbe, die sich machtvoll ihren Weg in die Ebene, der Nordsee entgegen, gebahnt hat?

Wolfgang Paul

Markt in Leitmeritz/Litoměřice. Rechts: An der Elbbrücke von Tetschen/Děčín
Folgende Seiten: Erste Fabriken vor Hohenelbe/Vrchlabí. Der Zusammenfluß von Moldau und Elbe bei Melnik

Schiffszieher, die auch Treidler oder Bomätscher genannt wurden, beim Ziehen eines Kahnes die Elbe aufwärts

Zwischen Böhmen und Sachsen

Zweimal in ihrem Lauf ist die Elbe Grenzfluß. Von dem einen Grenzstück, den 93 Kilometern zwischen Schnackenburg und Lauenburg, auf dem sie die Grenze zwischen der Bundesrepublik und der DDR bildet, ist oft, wenn auch selten aus erfreulichem Anlaß, die Rede. Von dem anderen weiß in der Bundesrepublik kaum noch jemand etwas. Es sind die viereinhalb Kilometer, auf denen sie die Grenze zwischen der DDR und der Tschechoslowakei bezeichnet. Ist die eine eine politisch willkürlich gezogene Grenze, so steht diese, wenige Kilometer stromauf von Bad Schandau, für die alte, gewachsene historische und politische Scheidelinie zwischen Sachsen und Böhmen, später zwischen Deutschen und Tschechen. Nach Westen führt sie weiter über den Kamm des Erzgebirges und durch das Vogtland, um dann zum Böhmerwald abzuknicken; nach Osten setzt sie sich an der Lausitz entlang bis zum Riesengebirge fort. Über Jahrhunderte hinweg ist sie Trennungs- und Verbindungslinie einer alten mitteleuropäischen Nachbarschaft gewesen.

Die Teilung Europas hat im Westen diese Grenze, nun eine Grenze innerhalb des Ostblocks, aus dem Blickfeld geraten lassen. Für die Deutschen in der DDR jedoch ist sie und das Verhältnis zu den Nachbarn hinter ihr immer wichtiger geworden, und zwar um so mehr, je nachdrücklicher die Abschließung vom anderen Teil Deutschlands und damit vom Westen überhaupt spürbar wurde. Das läßt sich schon an den Zügen und Wagen erkennen, die täglich in dem engen Elbtal über die Grenze drängen. Erst recht läßt es sich an den Ziffern der Statistik ablesen. Rund zehn Prozent ihres Außenhandels wickelt die DDR mit der ČSSR ab – das entspricht in etwa dem Handel zwischen beiden deutschen Staaten –, noch mehr, nämlich etwa dreizehn Prozent die ČSSR mit der DDR. Fünf bis sechs Millionen Menschen reisen im Jahr hinüber oder herüber; die meisten davon aus der DDR in die Tschechoslowakei, die damit für die Deutschen in der DDR nach Polen das meistbesuchte Land ist. Wirtschaft und Industrie sind vor allem in den letzten Jahren durch Kooperation und Austausch verbunden worden. Zunehmend haben sich auch nachbarschaftliche Beziehungen entwickelt, wie sie zwischen der Bundesrepublik und den westeuropäischen Ländern in den letzten Jahrzehnten entstanden sind. Auch hier gibt es Städtepartnerschaften, Austausch von Schülern und Studenten, und wie im Westen sind daraus auch private Freundschaften entstanden.

Ist also die Tschechoslowakei für die DDR-Deutschen, was Frankreich oder England heute für die Deutschen in der Bundesrepublik sind? Der Vergleich ist bestenfalls halb zutreffend. Noch weniger angemessen sind freilich die Erklärungen, mit denen die Machthaber beider Staaten den Eindruck zu erwecken versuchen, das Verhältnis von Deutschen und Tschechen sei heute, weil unter gemeinsamer politischer Flagge, besser als je zuvor. Selbst auf offiziöser Ebene sind sie nicht ohne Spannungen gewesen. Nach dem Krieg zeigte sich die tschechische Seite nicht gewillt, in den DDR-Deutschen nur die neuen sozialistischen Brüder und nicht auch die Deutschen zu sehen, die eben erst ihr Land besetzt gehalten hatten. Sie blieb reserviert, obwohl die DDR-Führung das andere dunkle Kapitel in den deutsch-tschechischen Beziehungen, die Vertreibung der Sudetendeutschen, bereits 1950 nicht nur „unabänderlich" und „endgültig", sondern auch „gerecht" nannte. Umgekehrt war es die DDR, die in den sechziger Jahren die Liberalisierung in der ČSSR unnachsichtiger als jeder andere Ostblock-Staat attackierte, weil sie fürchtete, sie könnte ansteckend auf die eigene Bevölkerung wirken. Die Beteiligung der DDR-Volksarmee an der Besetzung der Tschechoslowakei durch die Truppen des Warschauer Pakts 1968 drückte in die Beziehungen dann einen neuen Tiefpunkt.

Leitmeritz/Litoměřice

Vor allem aber: das Mißtrauen, das die Ostblock-Staatsbürokratien gegen alles hegen, was sich ihrer Kontrolle entziehen könnte, hat bis in die sechziger Jahre hinein kaum freie Bewegungen über die Grenzen hinweg zugelassen. Zwar wurde die deutsch-tschechische Grenze als Freundschaftsgrenze gefeiert, doch sie blieb nicht weniger dicht abgeschottet als die nach Westen. Die Dampfer der Weißen Flotte, die früher als Schiffe der sächsisch-böhmischen Dampfschiffahrtsgesellschaft die Elbe hinab nach Tetschen und Leitmeritz gefahren waren, mußten nun hinter Bad Schandau kehrt machen, und im Erzgebirge traten sich auf den Hängen des Fichtelbergs, des höchsten Bergs der DDR, im Winter die Skifahrer halb tot, während sich auf der tschechischen Seite am Keilberg keine Spur in den Schnee eingrub.

Erst Anfang der sechziger Jahre begann sehr zögernd die Öffnung der Grenzen, zuerst für Gruppenreisen, dann für Einzelreisen mit dem Reisebüro, schließlich für Privatreisen, für die indessen immer noch eine Einladung aus der ČSSR notwendig war. Aber erst 1972 fielen die Formalitäts-

Folgende Seiten: Idylle zwischen Raudnitz/Roudnice und Leitmeritz/Litoměřice

Schranken zwischen der DDR und der ČSSR (und Polen) auf das westeuropäische Normalmaß. Seitdem reicht der Personalausweis für den Grenzübertritt. Man muß sich vergegenwärtigen, daß das die erste Erfahrung von Freizügigkeit war, die die Deutschen in der DDR seit mehr als einem Vierteljahrhundert machen konnten, um zu ermessen, was das für sie bedeutete. Deutsche wie Tschechen nutzten denn auch am Anfang die Möglichkeit, im anderen Land Mangelware zu kaufen, so energisch, daß bald Ausfuhrbeschränkungen erlassen wurden.

Seitdem erst hat sich ein Nachbarschaftsverhältnis zwischen DDR-Deutschen und Tschechen entwickelt, das sich mit dem zwischen den westeuropäischen Ländern halbwegs vergleichen läßt. Erst seitdem gibt es auch – was freilich auch mit der Unterkühlung zusammenhängt, die der Einmarsch von 1968 dem Verhältnis zufügte – ein breites Spektrum von Zusammenarbeit und Begegnungen auf den verschiedensten Gebieten, Freundschaftsverträgen zwischen Hochschulen, gemeinsamen Mediziner-Tagungen und Austausch auf kulturellem Gebiet. Das Bedürfnis danach besteht nicht zuletzt bei den Tschechen. Bei ihnen rangiert beispielsweise der Wunsch, Deutsch zu lernen, auf den Oberschulen vor dem Englischen, und ihre kulturellen Beziehungen mit dem Ausland beziehen sich zu fast einem Viertel auf die DDR.

Der Vergleich mit westeuropäischen und den früheren Verhältnissen macht jedoch zugleich deutlich, wie beschränkt diese Normalisierung immer noch ist. Zwischen der DDR und der ČSSR gibt es gegenwärtig noch nicht einmal ein Dutzend Straßen- und Eisenbahnübergänge – Straßenübergänge bei Schönberg im Vogtland, im Erzgebirge Oberwiesenthal, Reitzenhain, Zinnwald, Bahratal, Schmilka im Elbtal sowie Seifhennersdorf und Neugersdorf in der Lausitz, Eisenbahnübergänge bei Schönberg, Schmilka, Eberbach und Zittau –; das ist nur ein Bruchteil der Überquerungsmöglichkeiten, die es vor dem Krieg im deutsch-tschechischen Grenzland gab. Züge – es war die kürzeste Verbindung zwischen Berlin und Wien über Prag –, so sind es jetzt ganze zwei. 269 Studenten aus der DDR studieren in der ČSSR, 336 tschechische und slowakische Studenten in der DDR; auch dies sind für zwei Völker, die seit Jahrhunderten eng miteinander gelebt haben, erstaunlich geringe Zahlen. Jedenfalls rechtfertigen sie kaum die Erklärung des Prager Außenministers bei der Debatte über den von den Staats- und Parteichefs von DDR und ČSSR, Honecker und Husak, 1977 abgeschlossenen Freundschaftsvertrag, es komme zwischen beiden Ländern „zu einer gesetzmäßigen Annäherung der Völker".

Auf dem Berg über der Elbe: Melnik

Verkehrten etwa über den im vergangenen Jahr eröffneten Eisenbahnübergang von Zittau nach Liberec/Reichenberg in den dreißiger Jahren täglich rund zwanzig

Wie wenig davon die Rede sein kann, bestätigt in fast rührender Weise ein Leserbrief, den eine tschechische Kommunistin aus dem Grenzgebiet nach der Öffnung des über ein Vierteljahrhundert geschlossenen Eisenbahnübergangs Zittau an die Zittauer Lokalredaktion der Dresdner SED-Zeitung „Sächsische Zeitung" und an die deutschsprachige „Prager Volkszeitung" schrieb. Darin erinnerte sie sich: „Früher existierte wohl auch die Grenze, doch wir hatten unsere Ausweise und wurden oft nicht einmal danach gefragt." Während des Zweiten Weltkriegs habe es zwischen Zittau und der tschechischen Nachbarstadt Hradek/Grottau auch einen Autobus-Pendelverkehr gegeben, „und wir waren in unserer Stadt ebenso zu Hause wie in Zittau." Der Brief schloß mit dem Satz: „Jetzt ist das alles wieder viel besser erreichbar, wir schätzen die Verhandlungen zwischen den beiden sozialistischen Ländern, die uns mit dem neuen Grenzübergang ein Stück alter Verbundenheit wiedergebracht haben." So konnte man das allerdings nur in der „Prager Volkszeitung" lesen. Die „Sächsische Zeitung" unterschlug die Erinnerungen an den früheren Zustand. Den letzten Satz formulierte sie um. Er hieß nun: „Wir schätzen die Verhandlungen zwischen beiden sozialistischen Ländern, die mit dem neuen Grenzübergang in Zittau ein Stück Verbundenheit neu geknüpft haben" – weil, offenbar, nicht sein kann, was nicht sein darf.

Hermann Rudolph/Hans Lindemann

Rechts: Sonnenuntergang bei Leitmeritz/Litoměřice

Ein Kettenschiffs-Verband bei Aussig/Ustí

Die Sächsische Schweiz

„Alle Schweizer, welche die hiesige Gegend besucht haben, versichern, daß sie mit den schweizerischen Gegenden sehr viel Ähnlichkeit habe ..." Die hiesige Gegend, das waren die Ebenheiten, die Berge, die Felsen, die Täler, die Gründe, die Schlüchte zwischen Pirna und Herrnskretschen, zwischen Hohnstein und Langenhennersdorf; der das 1786 schrieb, war der Hohnsteiner Predigtamtskandidat Wilhelm Leberecht Götzinger. Er war nicht der erste, dem die Schweiz vor Augen stand, wenn er von Dresden die Elbe stromaufwärts wanderte. Zwei Schweizer Künstler, 1766 an die Dresdner Kunstakademie berufen, hatten schon vor ihm das „Schweizerische" der Gegend entdeckt: der Porträtmaler Adrian Zingg und der Kupferstecher Anton Graff. Sie zeichneten hier ihre malerischsten „Prospecte", ihnen folgten andere Maler, folgten Schriftsteller, folgten die „Touristen", die in der 1783 erstmals so genannten „Sächsischen Schweiz" das Romantische zu entdecken hofften.

Bald wurden Gaststätten und „Bauden" gebaut, Wege geebnet, Leitern und Brücken gelegt, 1837 fuhren die ersten Dampfer auf der Elbe, 1852 fuhr die „Böhmische Bahn" zum ersten Mal. Die Touristen entdeckten nun in großer Zahl die Bastei, den Lilienstein, die Festung Königstein, die Schrammstein-Kette. Endgültig wurde nun aus der Gegend, die man früher einfach den „böhmischen Wäldern" zugerechnet hatte, die „Sächsische Schweiz". Das „Elbsandsteingebirge" oder gar das „Sächsische Felsengebirge" waren fremde Begriffe, gut für Landkarten oder für den Heimatkunde-Unterricht.

Heute kommen an schönen Wochenenden 80000 Besucher in die „Schweiz" vor ihrer Haustür, wandern zur Bastei hinauf, gondeln auf dem Amselsee, schauen sich in der Felsenbühne Rathen den „Freischütz" an oder den „Tell" oder fahren bis Bad Schandau, steigen um in die nun auch schon achtzig Jahre alte Kirnitzschtal-Straßenbahn, machen am Lichtenhainer Wasserfall Rast, besuchen den Kuhstall, eine der 240 Höhlen der Sächsischen Schweiz, laufen über die Schrammsteine zu den Buchenwäldern auf der Basaltkuppe des Winterbergs (552 Meter); oder sie wenden sich linkselbisch dem Pfaffenstein und der Barbarine, einer einzelstehenden Felsnadel, zu, suchen am Gohrisch die durch den aufdringenden Basalt „gefritteten" Sandsteinsäulen, wandern über eine Ebenheit zum Kleinen und zum Großen Zschirnstein (561 Meter) und schauen von dort in die so ganz andere, lieblichere böhmische Landschaft mit ihren Spitz- und Tafelbergen.

Wandermöglichkeiten gibt es viele, und das macht: die vielen Erholung suchenden Wanderer zerstreuen sich. Man ist hier schnell allein, einsam, kann sich wohl auch verirren, aber nie sehr lange – ganze vierhundert Quadratkilometer groß ist die Sächsische Schweiz, knapp zwei Drittel davon sind Wald und Berge. Seit 1956 steht die gesamte Fläche unter Landschaftsschutz, acht

Aussichtspunkt auf einem Schrammsteinfelsen

Bereiche unterliegen dem strengeren Naturschutz. Auf dem ersten „Landschaftstag Sächsische Schweiz" im September 1977 wurde beschlossen, das Landschaftsschutzgebiet Sächsische Schweiz „planmäßig zu entwickeln und harmonisch zu gestalten" – das wollen wir im Ernst nicht hoffen. „Planmäßiges" und „Harmonisches" ist dieser Landschaft fremd, sie überrascht eher durch ihre Disharmonie, durch das Ungeordnete, durch ihre Wildheit.

Zwar: die Adler fliegen schon lange nicht mehr um den Großen Winterberg, und die Johanniswedel oder die weißen Blüten und der charakteristische Geruch der Eiszeitpflanze Sumpfporst, des „sächsischen Edelweiß", werden seltener, man kann in der Elbe nicht mehr Holz flößen oder gar baden, und die Barbarine darf seit 1975 nicht mehr erklettert werden, weil der Gipfelkopf dieser Felssäule einzustürzen droht. Aber mit „Plänen" ist der Luft- und Wasserverschmutzung im zweitgrößten Erholungsgebiet der DDR nicht abzuhelfen. Eher mit der Beschränkung der Zugangsmöglichkeiten, mit der Beachtung des Bauverbots für „Datschen" (wie man in der DDR die Wochenendhäuser nennt), mit der Begrenzung des industriellen Holzeinschlags.

Die knapp 40000 Bewohner der Sächsischen Schweiz lebten früher nur vom „Holzmachen" und Flößen, vom Steinbrechen, die „Bomätscher" (Schiffszieher) lebten vom „Treideln" (Ziehen) der Elbkähne, viele trieben nebenher auf den Ebenheiten von Lohmen und Struppen auch Landwirtschaft, heute „pendeln" sie, arbeiten in den wenigen Fabriken. Sie nehmen die Entwicklung des Wochenendtourismus und der Erholungsindustrie in ihrem Gebiet gelassen hin. Sie haben sich an die Fremden gewöhnt, die als „Touristen", als „Sommerfrischler", als „FDGBler" (die vom Feriendienst der DDR-Gewerkschaft FDGB geschickten Erholungsuchenden) zu ihnen kommen. Sie bedienen sie in Gaststätten und Hotels, im Kneippbad von Bad Schandau, an Andenkenständen, aber es ist ihnen unbegreiflich, weshalb man

V ČELE S KSČ ZA DALŠÍ ROZVOJ
SOCIALISTICKÉ VLASTI

ihrer Gegend wegen (für die sie keinen Namen haben) so viel „Summs" macht. (Im Heimatkunde-Unterricht haben Schüler einmal feststellen müssen, wer von den erwachsenen, alteingesessenen Bewohnern des Dorfes Kleingießhübel schon einmal auf dem hinter dem Dorf gelegenen Großen Zschirnstein war. Ergebnis: ein einziger – der trug im Sommer jeden Sonntag zwei Eimer Wasser hinauf und verkaufte sie becherweise an die Fremden.)

Es gibt auch Einwohner, die das Klettern auf die rund neunhundert freistehenden Felstürme lieben, sie erzählen von „ihren" Aufstiegen (es gibt etwa 6000 verschiedene), vom Klettern in Kaminen und in der Wand. Die Mehrzahl der Kletterer aber kommt aus Dresden, aus der Stadt, die in der Sächsischen Schweiz „ihr" großes Erholungszentrum sieht. Dort gibt es eine Bergsteigerschule, von dort kamen auch die „roten" Kletterer, die Widerstandsarbeit gegen das Dritte Reich leisteten.

Die Zurückhaltung der Bewohner der Sächsischen Schweiz gegenüber den „Auswärtigen" hat historische Gründe: der Handelsweg Elbe war bis zum Ende des 15. Jahrhunderts umstrittener Besitz zwischen böhmischen und meißnischen Herren, bis 1806 noch stand das Gebiet unter der Oberlehnshoheit der böhmischen Krone. Die sorbischen Ureinwohner, die im 7. Jahrhundert in den Flußtälern siedelten, vermischten sich mit Zuwanderern aus Mainfranken und Thüringen. Sie rodeten kleinere Waldgebiete, errichteten zwischen Biela und Gottleuba Eisenhütten, fischten, züchteten Bienen, ackerten, bauten Getreide- und Schneidemühlen, lebten in den Fachwerk- und Umgebindehäusern der slawischen „Rundlinge" und der fränkischen Waldhufendörfer. Hier wütete, rechtselbisch, die Pest; böhmische Ritter und ihr Gefolge, sächsische Jagdgesellschaften, schwedische, preußische Truppen, schließlich sogar die Soldaten der Wlassow-Armee zogen die Elbe aufwärts, die Seitentäler empor, hinterließen Burgen, Jagdhütten, gaben Schlupfwinkeln Namen („Kuhstall", „Schwedenlöcher"), verursachten riesige Waldbrände (so 1945 am Großen Zschirnstein).

Es war wenig Gelegenheit, hier historisch und kunsthistorisch Bedeutendes zu vollbringen. Johann Friedrich Böttger, der Erfinder des Porzellans, lebte hier – wie August Bebel, Thomas Theodor Heine, Frank Wedekind – nur als Häftling, auf dem Königstein; die Erfindung des Krippeners Friedrich Georg Keller, der den Wespen das Papiermachen aus Holz abgeschaut hatte, wurde anderswo, nicht in der Sächsischen Schweiz ausgewertet. Schönstes kunsthistorisches Denkmal vielleicht: die Reinhardsdorfer Kirche mit ihrer Bilderbibel aus dem 17. Jahrhundert und den handfesten Erklärungen darunter: „Der Glaube, Christi Creutz / sein Wort und Sacramente / ergreiffet und darauff / erfolgt ein seelig Endte."

Vielleicht sind solche Tafeln und Sprüche dem Autor auch nur deshalb so lebendig im Gedächtnis, weil sie zur Kindheit gehören: einer Kindheit im Wald, mit „Buschhexen" (Waldarbeiterinnen), mit „Kartoffelstückchen süßsauer" als Normalgericht, mit Beeren- und Pilzesuchen im Sommer und Federnschleißen im Winter, mit Mutproben auf einem schmalen Felsband, mit dem „Lobetanz" zum Gedenken an die Verschonung von der Pest, mit der „Schifferfastnacht" der Postelwitzer (einem Schifferdorf bei Bad Schandau), mit den genau benannten Bergen, Felsen und Fluren, mit eigenen, zumeist slawischen Benennungen für fast alle Dinge des Alltags der Napfkuchen hieß „Bäbe" und die Fußbank „Hitsche", man schlief und kochte nicht in einer Höhle im Freien, sondern „bofte". Sonntags früh auf der Postelwitzer Fähre blieben die richtigen Kletterer mit den durch die Seile schweren Rucksäcken stehen, weil das so sein mußte; sie berieten leise, wie man die „Nadel" heute angehen wollte, ob über die „V" oder gar, höchste Schwierigkeitsstufe, über die „VII", wer Vorkletterer sein sollte, und ob man es in „Latschen" (in Hanfsohle-Schuhen) oder „barbsch" (barfuß) probieren sollte. Und dann gingen sie hin, nicht sehr schnell, aber regelmäßig, bei den „Sieben Brüdern", den sieben nebeneinander stehenden schönsten Häusern von Postelwitz vorbei, auf die Schrammsteine zu. Selten fiel einer von ihnen herunter, meist stürzten die Fremden ab, sie hatten die relativ niedrigen Berge und Felsen, die dennoch höchste Anforderungen stellen und von denen wesentliche Anstöße für das sportliche, extreme Klettern ausgegangen sind, unterschätzt.

An die Sächsische Schweiz, an ihre schwefelflechtegelben oder fast weißen Wände, an ihre Kletterfelsen mit den grauen Gipfelbüchern, an ihre stillen „Klammen", an ihre fischreichen Bäche, an die Wiesen voller Buschwindröschen oder Märzenbecher kann man sich als Tourist, als Urlauber, als Naturfreund, als Kletterer nur annähern. Sie entzieht sich repräsentativen Bildern oder Fotos. Sie ist nicht gültig beschreibbar. Man muß lange hier leben, bis man ein „Hiesiger" wird.

Konrad Franke

Links: Elbhotel bei Prebischtor/Pravčická Braná. Oben: Klettertreppe im Elbsandsteingebirge
Folgende Seiten: Das Schrammsteingebiet bei Bad Schandau

Der Plauschengrund an der Buschmühle im 18. Jahrhundert
Rechts: Ausflugsdampfer der Dresdner „Weißen Flotte" vor Postelwitz

JUGEND SCHIFF
JUNGER PIONIER

Romantische Elbe

Von Adrian Ludwig Richter: die Überfahrt am Schreckenstein bei Aussig/Ustí

Über die Elbe gibt es keine Lieder. Das ist eine Entdeckung, die merkwürdig genug ist. Denn über den Rhein, beispielsweise, den anderen großen deutschen Strom, nur wenig länger als die Elbe, gibt es Gesänge und Gedichte die Fülle. Auch der Donau oder dem Neckar sind zum Ruhme Verse gewunden worden, und von der Saale, dem eher bescheidenen Nebenfluß der Elbe, kündigt gemütvoll das Lied „An der Saale hellem Strande / stehen Burgen stolz und kühn". Aber die Elbe hat offenbar kein namhafterer Autor bedichtet oder besungen, und man muß schon etwas nachdenken, um herauszufinden, wo sie gleichwohl ihren Abdruck in der deutschen Literatur gefunden hat. Man stößt auf diesen Strom im Werk des früh verstorbenen Wolfgang Borchert. In seinem Nachkriegsdrama „Draußen vor der Tür" tritt die Elbe sogar als Person auf. Sie begrüßt den Soldaten Beckmann, der sich eben verzweifelt von der Brücke gestürzt hat: „Ah da reißt du deine Kinderaugen auf, wie? Du hast wohl gedacht, ich wäre ein romantisches junges Mädchen mit blaßgrünem Teint? Typ Ophelia mit Wasserrosen im aufgelösten Haar? Du hast am Ende gedacht, du könntest in meinen süßduftenden Lilienarmen die Ewigkeit verbringen. Nee, mein Sohn, das war ein Irrtum von dir. Ich bin weder romantisch noch süßduftend. Ein anständiger Fluß stinkt. Jawohl. Nach Öl und Fisch. Was willst du hier?"

Aber das macht die Sache eher noch verwunderlicher. Ist denn die Elbe nur ein Nutzwasser, Transporteur von Lasten und Menschen, ein Gebrauchsfluß? Ist sie es gar schon immer gewesen? So jedenfalls könnte man aus einem Gedicht des barokken Hamburger Dichters Hagedorn ablesen, das die Elbe mit der Alster vergleicht und sie nur als Nährmutter und Wohlstandsbringerin gelten lassen will: „Der Elbe Schiffahrt macht uns reicher, / Die Alster lehrt gesellig sein, / Durch jene füllen sich die Speicher, / Auf dieser schmeckt der fremde Wein." Ein Fluß ohne romantische Züge? Tatsächlich gibt es nichts für die Elbe, was auch nur in etwa mit der Rheinromantik zu vergleichen wäre.

Dabei gibt es so ziemlich alles, was dafür einstehen könnte, Sehenswürdigkeiten, Naturschönheit und landschaftliche Besonderheiten. Die Elbe durchfließt im Elbsandsteingebirge eine Landschaft, deren romantisch-malerischer Charakter keinen Vergleich zu scheuen braucht. An ihren Ufern finden sich auch Burgen und Schlösser; der steile Stumpf des niemals eingenommenen Königsteins, der Sonnenstein über Pirna, auch die herrschaftlichen Schloßimitationen im Stile des neunzehnten Jahrhunderts, die die Dresdner Elbhöhen besetzt halten, dann, kurz vor Meißen, die Schlösser Scharfenberg und Siebeneichen, beide Treffpunkte beflügelter Freundeskreise in der Zeit der Romantik, dann Meißen selbst mit der Albrechtsburg. Für den weiteren Teil ihres Laufes wird die Elbe zwar eintöniger, ein Fluß der Ebene, der in weiten Schleifen durch ein mächtiges Urstromtal zieht. Aber auch da gibt es das üppige Grün der Elbauen, den mächtigen Dom von Magdeburg, die malerische Stadtsilhouette von Tangermünde. Und auch in Hamburg ist sie keineswegs nur ein Arbeits- und Wirtschaftsfluß, sondern wird auch gesäumt von den Parks des Elbufers und dem Steilhang von Blankenese, auf dem die Häuser, wie Gustav Hillard so hübsch beschrieben hat, „zwischen zierlichen Gärten und Seewind arkadisch hügelan gestreut sind".

Es ist keineswegs so, daß die Elbe keine Gemütsbewegungen ausgelöst hätte. „Als auf einmal, und mir zum erstenmal die Elbe zwischen zwei Bergen heraustrat", schrieb Schiller von seiner Reise nach Dresden, „schrie ich laut auf. O, mein liebster Freund, wie interessant war mir alles! Die Elbe bildet eine romantische Natur um sich her, und eine schwesterliche Ähnlichkeit dieser Gegend mit dem Tummelplatz meiner frühen dichterischen Kindheit macht mir sie dreifach teuer. Meißen, Dresden und seine Gegenden gleichen ganz in die Familie meiner vaterländischen Fluren ...".

Friedrich Schlegel, der Romantiker, beschrieb das Elbtal als jenen Ort, in dem er zuerst „die Natur in schönerer Gestalt" sah. Zumal die Maler haben sich immer wieder von der Elblandschaft faszinieren lassen. Zwei Schweizer Maler, Adrian Zingg und Anton Graff, Professoren an der Dresdner Kunstakademie, waren es, die malend und zeichnend das Elbsandsteingebirge überhaupt erst für die Fremden entdeckt haben; von ihnen wird der Name „Sächsische Schweiz" hergeleitet, der an dem Gebirge hängengeblieben ist. Ludwig Richters Gemälde „Die Überfahrt am Schreckenstein", diese beispielhafte Versinnbildlichung des Volkstümlich-Gemüthaften an der deutschen Romantik, ist im böhmischen Teil bei Aussig entstanden, ganz unter dem Eindruck der Elblandschaft, die von da an Richters Blick von Italien fort auf die engere

Die Burg Königstein im 18. Jahrhundert
Folgende Seiten: Ausflugsdampfer im Elbsandsteingebirge und die Burg Königstein

Heimat lenkte. Vor allem der weiche Flußbogen, den die Elbe durch Dresden legt, ist durch Generationen hinweg immer wieder gemalt worden. In den Gemälden Canalettos ist die Elbe der Spiegel, der das barocke Stadtbild als herrschaftliche Kulisse wiedergibt. Bei den Romantikern ist sie das bewegende, beseelende Naturelement, das die Landschaft in die Stadt oder vielmehr umgekehrt: die Stadt, in die sich entgrenzende, fließende Landschaft hineinhebt. Als weichzeichnender Spiegel der Stadt bei den Impressionisten, als ihr blau-grüner Widerschein etwa bei Oskar Kokoschka, als Ruhepunkt oder als bewegendes Element bei nahezu allen Dresdner Malern: mit Ausnahme vielleicht von Paris gibt es kein Ensemble von Fluß und Stadt, das so oft gemalt worden ist. Dann freilich, flacher werdend, verliert die Elbe ihre Anziehungskraft auf die Künstler und gewinnt sie erst wieder in Hamburg mit Hafen, Elbchaussee und Elbufer.

Weshalb wird dennoch die am Rhein so oft und so laut gestellte Frage, warum es an ihm so schön sei, nicht an die Elbe gestellt? Weshalb würde man es fast als unpassend empfinden, wenn man es dennoch täte, obwohl es doch genügend Anlaß gäbe, es zu tun? Es ist wohl, weil der Charakter der Elbe insgesamt stiller, zurückhaltender, genügsamer und provinzieller, auch nüchterner ist. Zwar fehlt es ihr nicht an romantischen Partien, aber weder hat sich die schicksalsträchtige noch die sentimentale noch, auch dies, die kommerzialisierte Romantik so an sie hängen können wie an den Rhein. Ihr Charakter, ihr Reiz unterläuft gleichsam die laute Begeisterung, den postkarten-gemäßen Glanz, das Dramatische der Landschaftsszenerie, und sie tut es auch dort, wo sie eindrucksvolle und malerische Landschaften durchfließt. Wahrscheinlich sind es auch gar nicht die „schönen Züge", in denen ihr Charakter am besten zum Ausdruck kommt, sondern die unscheinbaren, „gewöhnlichen": Uferstreifen, grün in den Fluß hineinwachsend, Strombiegungen, in denen sich für Momente ungestört von Häusern und Verkehr Wasser und Ufer noch schließen, Gasthöfe mit alten Wirtsgärten unter breiten Kastanien- und Ahornbäumen, und die abgetretenen stillen Anlegeplätze, zwischen deren grobem Pflaster das Gras wächst. Aller Landschaftszerstörung zum Trotz, die auch die Elbe nicht verschont hat, finden sich solche selbstvergessenen idyllischen Züge hier noch oft und prägen ihr Bild.

Übrigens gibt es doch ein Lied über die Elbe. Es stammt freilich von keinem romantischen Dichter und ist kein Volkslied. Sein Verfasser ist der aus der DDR ausgewiesene Liedermacher Wolf Biermann. Es heißt „Die Elbe bei Dresden" und ist ein Liebeslied, aber ein bitteres, denn es ist die Erinnerung an eine verlorene Liebe. Sein Kehrreim beschwört die Zeit des Glücks, in der dem Sänger alles in Bewegung schien, während ihm nun, allein geblieben, alles unveränderlich erscheint: „Das sang uns der Fluß, das war unser Lied: / Es fließt alles – alles fließt. / Mein Lieb, mein Lieb, jetzt bin ich allein / Jetzt redet der dumme Fluß mir ein: / Es bleibt alles, wie es ist." Wenn Wolf Biermann das Lied vorträgt, hält er den letzten Ton minutenlang aus. Das soll zeigen, wieviel er auszuhalten imstande ist und wie wenig er der resignativen Versicherung der Elbe glaubt, daß alles bleibe, wie es ist. Wie immer bei Biermann, ist es nicht verboten, sich etwas Politisches dabei zu denken.

Hermann Rudolph

Schloß Pillnitz

„Hier bin ich geboren!" rief Napoleon aus, als er Schloß Pillnitz zum erstenmal sah. Das war so symbolisch gemeint wie anderthalb Jahrhunderte später John F. Kennedys Beteuerung „Ich bin ein Berliner!" Was hat den Korsen bewogen, sich in Pillnitz, in Sachsen, geboren zu fühlen? Als der Imperator im Jahr 1812 an der Elbe weilte, entsann er sich der „Pillnitzer Konvention" von 1791, die auf Betreiben Kaiser Leopolds II. in Pillnitz die gekrönten Häupter Österreichs, Preußens und Sachsens mit dem Ziel versammelt hatte, die Französische Revolution aufzuhalten. Zwar folgte man nicht dem Antrag des Grafen Artois, des Bruders des abgesetzten Königs Ludwig XVI., sofort loszumarschieren, doch immerhin hat die Pillnitzer Deklaration den Anstoß zum Krieg der europäischen Fürsten gegen Frankreich gegeben. Aber der Erfolg war lediglich, daß das Nationalgefühl des angegriffenen Frankreichs gestärkt wurde. Damit wurde der Boden bereitet für Bonaparte, der Demokratie und Alleinherrschaft auf frappierend moderne Art zu verbinden verstand. Der neue Kaiser dankte seinen sagenhaften Aufstieg der sächsisch gesteuerten Konterrevolution.

Als die Beteiligten des Pillnitzer Fürstentreffens ihre Beschlüsse faßten, benutzten sie die Sommertage an der Elbe zu einer Demonstration dessen, was sie für sich zu retten gedachten. Der Bau neuer Gebäudeflügel wurde beschleunigt, Zimmer aufs kostbarste hergerichtet. Im Venustempel

Schloß Pillnitz: Elbsicht aus dem 18. Jahrhundert

wurde von goldenen Tellern gespeist. Festliche Opern erklangen in Park und Schloß, von 60000 Lichtern erleuchtet. Ein Feuerwerk, das über einem Freundschaftstempel die Worte „Concordia augustorum" in den Himmel brannte, bezeugt im Nachhinein die Vergänglichkeit aller Pracht.

Solch ideologisches Schmuckbedürfnis äußert sich heute in nur magerer Variante auf Spruchbändern „Freundschaft mit der Sowjetunion", „Vorwärts im Kampf um die Erfüllung des Fünfjahrplans" oder „Es lebe die Deutsche Demokratische Republik".

Aber wer in Pillnitz ist, vergißt für Stunden die DDR. Hier blüht ein anderes Rot, das der Salvien und Canna, des Indischen Blumenrohrs, nicht das der Plakatfarben. Im Frühling im Fliederhof neunzig chinesische Fliederhochstämme, in ihrem Glashaus die acht Meter hohe zweihundertjährige Kamelie, Camellia japonica.

Pillnitz ist exotisch. August der Starke, der den abenteuerlichen Plan gehegt haben soll, Kaiser von Byzanz zu werden, hatte sich an der Elbe ein „Indianisches Lustschloß" gewünscht. Aber er nahm es mit der Geographie nicht sehr genau – und so wurde Pillnitz, 1719 vom Baumeister des Dresdner Zwingers, Matthäus Daniel Pöppelmann, und dem Franzosen Zacharias Longuelune begonnen, ein chinesisches, besser gesagt: ein chinoisierendes Schloß, das dann in vielen Bau-Etappen hundert Jahre später, lange nach dem Tod des Königs, erst vollendet wurde. Das Interesse an China war in Europa damals eine überall grassierende Mode. Die europäische Neu-Erfindung des Porzellans in Dresden ging der Nachahmung ostasiatischer Architektur parallel. Das 18. Jahrhundert, das mit dem Spätbarock und Rokoko wahrlich einen eigenen Stil besaß, neigte zu Maskeraden: der Hof feierte erquikkend unkomplizierte bäuerische Feste und verwandelte die höchst komplizierte ferne Welt in ein Kuriosum. In Drottningholm, Kiew, Potsdam, Bayreuth, Palermo entstanden chinesische Gärten und Tempelchen. Der zur Zeit des Pillnitzer Baubeginns geborene neapolitanische Schriftsteller Galiani spottete bereits, in zweihundert Jahren wäre wir alle Chinesen.

Das eigentlich „Chinesische" an Pillnitz sind die Dächer, dem Himmelstempel von Kanton nachempfunden, und die Figurenmalereien in den Hohlkehlen unterhalb der Bedachungen: chinesiche Volksszenen darstellend. Vor wenigen Jahren hat das Dresdner Amt für Denkmalpflege die originalen Malereien wieder freigelegt. 1953, als Maos China noch als verbündet galt,

wurde dem Pillnitzer Park während einer Dendrologentagung ein Abkömmling des 1944 in China wiederentdeckten Urweltmammutbaums geschenkt; er ist noch immer ein zartes Pflänzchen.
Helene von Nostitz, Diplomatengattin und Freundin Rilkes, schreibt in ihrem Buch „Festliches Dresden" auch ein Kapitel über Pillnitz. In dem Pillnitz-Kapitel heißt es: „Noch immer meint man von der herrlich geschwungenen Treppe, die zwischen zwei geheimnisvolle Sphinxen vom Palais zum Flusse niedersteigt, auf Augusts des Starken goldenen Bucentaur zu sehen, der dort anlegte, um den König nach verrauschten Festen wieder in sein Dresdner Residenzschloß zu bringen ... Man erwartet jeden Augenblick, feierliche Mandarine mit ihrem Gefolge auftreten zu sehen, in schöne gelbe Seide gekleidet, und mit dem Fächer bunte Schmetterlinge verscheuchend, die ihre Begleiterinnen, die reizenden, trippelnden kleinen Damen, mit Blumen verwechseln. Es ist alles so zart und unverbindlich, nur für glückliche Sommertage hergerichtet: auch die Gondolieri haben sich hier gewiß wohlfühlen können, die August aus Venedig hierher verpflanzt hatte und die nun in prächtiger Tracht – Camisol von gelbem Atlas, Hosen aus blauem Taffet, blauseidene Strümpfe, Mütze ebenfalls aus gelbem Atlas mit zwei Federbuketts und weiße Schärpe – den Fährdienst versahen ..."
Bis 1918 hatten die sächsischen Könige in Pillnitz ihre Sommerresidenz. Zwei starben hier und wurden mit Fackelschiffen nach Dresden zur letzten Ruhe geleitet. Schon 1910 hatten die Wettiner öffentliche Führungen gestattet. 1948 wurde das Schloß „Zentralmuseum des Bundeslandes Sachsen". Hier sah man die Reste der Dresdner Gemäldegalerie, die nicht nach Rußland verbracht worden waren. Man hat sich dann gern an die Bilder der Romantiker gewöhnt, erinnerten sie doch an die Zusammenkünfte romantischer Dichter im Englischen Pavillon des Schloßparks: Tieck, Carus und Philalethes, unter welchem Pseudonym sich der kunstsinnige König Johann verbarg. Als 1956 die Sowjetunion die Bilderschätze zurückgab, wurden auch die Pillnitzer Gemälde in die wiederaufgebaute Dresdner Galerie eingegliedert, aber in Pillnitz wurde noch manche schöne Ausstellung auch von lebenden Dresdner Künstlern gezeigt. Dann nahm das Schloß die Möbel, Gobelins, Bronzen und Gläser des Museums für Kunsthandwerk auf, die die einstigen längst verschollenen „türkischen und persianischen Meubles" ersetzen.
Im Sommer stehen die Palmen- und Orangenkübel im Freien, wetteifernd mit der Kastanienallee. Die Dresdner Philharmonie lädt zu Konzerten im Park. Im Schloß selbst wird auf alten Instrumenten gespielt. Ein Liebling der Besucher – wie die Kamelie – ist die Tritonengondel in den Buchenhekken und die Sphinxentreppe an der Elbe. Den Blick auf Sphinxentreppe und Vogelinsel hatte Ludwig von Hofmann, der bis Kriegsende im Wasserpalais wohnte, „einen der schönsten der Welt" genannt. Er war ein Maler erfundener Ideallandschaften, hier mußte er keine erfinden. Lange Zeit war der „Privilegierte Gasthof Goldener Löwe" vorzüglich. Aber inzwischen ist er zu dem gesunken, was der Galgenhumor hier als „Bockwurstschuppen" bezeichnet.
Die Vogelinsel ist eine der beiden Elbinseln, die die Stromregulierung übrig ließ. Der Arzt, Dichter und Maler Carl Gustav Carus schreibt in seinen Erinnerungen: „Ich war kaum dort an Land gestiegen, als ich verwundert stand über die Freiheit, Schönheit und Macht dieser von Menschen ganz ungestörten Vegetation. Dieser wunderliche Fleck Land, der, langsam zu umgehen, wenig über eine halbe Stunde braucht, ist angeschwemmt, bewachsen, ja belaubt von manch hundertjährigen Bäumen, ohne daß Axt und Schaufel je daran gerührt haben. Es wuchert hier alles in Üppigkeit übereinander. In der Mitte der Wiese wird mitunter gemäht, das übrige bleibt, von Vogelschwärmen belebt und von Seeschwalben umflogen, ganz seinem Schicksal überlassen." Das war nach dem Geschmack des Romantikers, aber auch – nach der Revolution von 1918 – nach dem Geschmack einiger Anhänger der Freikörperkultur, die hier nicht nur bis zu Robinson Crusoe, sondern bis zu Adam und Eva zurückgehen konnten. Die zahmen Nackten mußten bald das Feld räumen, und die Insel ist wieder ein wirkliches Naturschutzgebiet. Hier brüten fünfzig Arten Vögel, fast ebenso viele kehren als Gäste ein.
Wer Schloß und Park Pillnitz schon zu kennen glaubt oder auch wer es sich aufspart für später, der findet in der Umgebung viele Gelegenheiten zum Verweilen. Näher an Dresden, in Hosterwitz, die kleine Kirche Maria am Wasser mit dem Grab eines in der Elbe ertrunkenen Silberpagen, am Hang das Landhaus Carl Maria von Webers – wir haben „Oberon" im Ohr und die „Aufforderung zum Tanz". Näher an Pirna dann Graupa, das einstige Jagdschloß, die Sommerfrische Richard Wagners, zu dessen Andenken noch immer zwei Schwäne gehalten werden; hier hat er den Lohengrin begonnen. Der Borsberg, der Keppgrund, die Meixmühle und die Lochmühle, die Hohen Brücken und die Dittersbacher Höhe sind beliebte Ziele von Pillnitz aus – das Elbsandsteingebirge ist nicht weit. In Sachsen liegen China und die Schweiz eng beieinander.

Dieter Hoffmann

Links: Schloß Pillnitz, die frühere Schiffsanlegetreppe
Folgende Seiten: Ältere Fabriken in Pirna und die Brücke „das Blaue Wunder" in Dresden-Loschwitz

Dresden als Ballungsraum

Bekannt und berühmt geworden ist Dresden als Residenz- und Kunststadt. Auch heute noch sind es vor allem die erhalten gebliebenen oder wieder hergestellten Bauwerke, Zwinger und Hofkirche, die Gemäldesammlung und das musikalische Leben, die den Ruf der Stadt begründeten. Aber Dresden ist auch der Kern eines der dichtesten industriellen Ballungsräume der DDR. Entlang der Elbe erstreckt sich zwischen Pirna und Meißen ein weitgehend geschlossenes Wohn- und Industriegebiet, das mit 480 Einwohnern je Quadratkilometer die größte Bevölkerungsdichte besitzt, die sich in der ohnedies dicht besiedelten südlichen DDR findet. Es füllt nicht nur die breite Mulde des Elbtals, in der Dresden liegt, sondern auch die Seitentäler der Elbe und reicht mit seinen Ausläufern im Osten bis an die Ränder der Lausitz, elbaufwärts bis ans Elbsandsteingebirge, im Süden und Südwesten an den Rand des Erzgebirges sowie elbabwärts bis nach Riesa im sächsischen Flachland.

Zwar ist dieses „Ballungsgebiet Oberes Elbtal", wie es in der Sprache der DDR-Planer heißt, noch nicht mit jenen wuchernden Verdichtungsräumen zu vergleichen, die in der Nachkriegszeit in der Bundesrepublik Deutschland in den wirtschaftlichen und industriellen Zentren entstanden sind. Das Elbtal und seine Umgebung ist noch keine zersiedelte Landschaft. Aber in diesem Raum leben überdurchschnittlich viele Menschen in Städten, und Städte und Dörfer sind vielfach aneinander- und ineinandergewachsen. Mehr als die Hälfte der Einwohner des Bezirks Dresden, der Verwaltungseinheit, die den östlichen Teil Sachsens umfaßt, lebt in diesem Gebiet, nämlich rund eine Million von insgesamt 1,9 Millionen. Entsprechend umfangreich ist der Pendelverkehr zwischen Wohn- und Arbeitsstätten.

Auf dem Dresdner Hauptbahnhof und in den Straßenbahn- und Buslinien kann man frühmorgens erleben, wie ein Strom von Menschen zu den Arbeitsplätzen unterwegs ist. Tausende fahren zum Beispiel mit der Bahn zum Edelstahlwerk in Freital, einer Stadt nahe bei Dresden. Andere strömen von außerhalb in die Stadt, um zum Beispiel beim VEB Pentacon, einem großen Kino- und Kamerawerk, beim VEB Zentronik, einem Büromaschinenwerk, oder beim VEB Transformatoren- und Röntgenwerk „Hermann Matern" zu arbeiten. Die Kameras von Pentacon und die Schreibmaschinen Marke „Erika", die im Zentronik-Werk angefertigt werden, gehören zu den bekanntesten Produkten der Dresdner Industrie.

Die Industrie im Dresdner Raum ist das Ergebnis eines langen Entwicklungsprozesses. Er beginnt mit der Gründung der Meißner Porzellanmanufaktur, einer Verbindung von wirtschaftlichen mit kulturellen Interessen, wie sie für absolutistische Staaten charakteristisch war. 1708 hatte Johann Friedrich Böttger das europäische

Das Dresdner Elbpanorama zwischen Schloß und Hofkirche

Porzellan erfunden; der für die Porzellanherstellung erforderliche Rohstoff Kaolin wird in Löthain südöstlich von Meißen gefördert. Die örtlichen Tonvorkommen ließen später auch eine Grobkeramik- und Kachelindustrie entstehen. In Dresden selbst wurden zunächst vor allem handwerkliche Luxusgüter – Gold- und Silberwaren, Handschuhe, Tapeten, Seide und Schokoladen – gefertigt. Seit dem 18. Jahrhundert wurde im Döhlener Becken südwestlich von Dresden Steinkohle gefördert. Mit der Intensivierung dieser Kohleförderung, die heute längst aufgegeben worden ist, entstand später allmählich die vielfältige Industriestruktur der Stadt: Textil- und Bekleidungsbetriebe, Zigarettenfabriken – die älteste Zigarettenfabrik Deutschlands hat hier ihren Sitz –, Brauereien, später feinmechanische und optische Werkstätten, schließlich zu Beginn des zwanzigsten Jahrhunderts Maschinenbau und Elektrotechnik, chemische und pharmazeutische Werke.

Schon frühzeitig wurde Dresden auch zu einem wichtigen Verkehrsknotenpunkt. 1837 wurde auf der Elbe der Dampfschifffahrtsverkehr aufgenommen. Zwei Jahre später wurde die erste Ferneisenbahnverbindung Deutschlands von Dresden nach

Rechts: Architekturstudenten beim Vermessen der Neustädter Elbseite, im Hintergrund die berühmte Silhouette zwischen der Brühlschen Terrasse und der Hofkirche

Plastik der Sterngucker an der Sternwarte von Radebeul

Leipzig eröffnet. Heute kreuzen sich in Dresden die Bahnlinien von Berlin nach Prag und von Görlitz nach Karl-Marx-Stadt; weitere Linien führen nach Leipzig und Cottbus. Dresden liegt außerdem an der Autobahnverbindung Berlin/Dresden/Karl-Marx-Stadt/Plauen, von der ein Abzweig auch nach Görlitz geht. Wichtige Fernverkehrsstraßen führen zur tschechoslowakischen Grenze.

Der Krieg und vor allem das schlimme Bombardement vom 13./14. Februar 1945 zerstörte einen großen Teil der gewachsenen Strukturen; die Folgen sind bis heute spürbar. Von 220 000 Wohnungen, die Dresden bei Kriegsbeginn hatte, wurden 75 000 zerstört und 100 000 beschädigt. Im Jahre 1939 hatte Dresden 629 000 Einwohner, 1944 über 700 000, im Jahre 1948 aber nur noch 466 000. Heute beträgt die Einwohnerzahl 520 000, liegt also immer noch um rund 100 000 unter dem Vorkriegsstand. Trotz der geringeren Einwohnerzahl ist die Zahl der Beschäftigten aber ungefähr auf dem Vorkriegsstand. Das erklärt sich zum einen mit der höheren Berufstätigkeit der Frauen in der DDR, zum anderen aber mit dem Einpendeln von Arbeitern, die außerhalb Dresdens wohnen.

Heute steht der Bezirk Dresden – in erster Linie dank des Dresdner Raumes – nach der Bruttoproduktion an dritter Stelle in der DDR (vierzehn Bezirke und Ost-Berlin), während er nach der Fläche erst an neunter Stelle rangiert. Obwohl sich Industriestrukturen nur sehr langsam wandeln, ist im Dresdner Raum doch eine deutliche Schwerpunktverlagerung zu beobachten. Die DDR hat sich bemüht, hier vor allem die elektronische und elektrotechnische Industrie, aber auch den Maschinen- und Fahrzeugbau und die chemische Industrie verstärkt zu entwickeln. In der Elektroindustrie ist der Bezirk Dresden mittlerweile auf den ersten Platz in der DDR gerückt. Besondere Bedeutung hat Dresden dabei für den Industriezweig der Datenverarbeitung gewonnen; der VEB Kombinat Robotron ist das Zentrum der Herstellung und Entwicklung von EDV-Anlagen in der DDR, wobei auch die Nähe der Technischen Universität, der größten Technischen Hochschule in der DDR, eine wichtige Rolle spielt.

Aber nicht alle Pläne sind gereift. In einer Wirtschaftsgeographie der DDR von 1960 kann man noch lesen: „Dresden beginnt darüber hinaus die Stadt der modernsten Industrie zu werden: das Industriewerk Dresden baute die ersten Flugzeuge in der DDR, wobei uns die Sowjetunion mit Produktionsanlagen und Materiallieferungen unterstützte. Die Werktätigen dieses Betriebes konstruierten und bauen auch das erste Düsenpassagierflugzeug Deutschlands, die ‚152'. Während in Westdeutschland die alten Flugzeugbaukonzerne nur die Produktion von Kriegsflugzeugen aufnahmen, zeugt unsere junge volkseigene Flugzeugindustrie vom fried-

lichen Aufbauwillen der Werktätigen in der DDR." Strahltriebwerke für die Flugzeuge sollten in Pirna gebaut werden; das Edelstahlwerk Freital sollte hochlegierte Stähle zuliefern. Aus alledem ist nichts geworden. Nach dem Absturz eines Prototyps des entwickelten Flugzeugs wurde der Flugzeugbau wieder aufgegeben.

Zu den bedeutendsten Industriebetrieben Dresdens gehören heute das Kombinat Robotron, das Kombinat Meßelektronik, das Transformatoren- und Röntgenwerk, das Kombinat Elektromaschinenbau, der VEB Elektromat und Hochvakuum, der VEB Sachsenwerk (Motoren, Generatoren), der VEB Starkstromanlagenbau, der VEB Mikromat (Werkzeugmaschinen), der VEB Planeta (Druckereimaschinen), das Kombinat Nagema (Nahrungs- und Genußmittelmaschinen), der VEB Arzneimittelwerk, die Deutschen Werkstätten in Hellerau (Möbel) und zahlreiche Hersteller von Textilien, Bekleidung und Nahrungsmitteln, Reifenwerke, Verpackungsmaschinenhersteller, Maschinenbaubetriebe, Druckereien und Gießereien. In Pirna, ein Stück elbaufwärts, ragt das Kunstseidenwerk „Siegfried Rädel" hervor, in Heidenau Maschinen- und Papierindustrie; in Radeberg, Radebeul und Coswig im Umkreis der Stadt werden Fernsehgeräte, Arzneimittel und Druckmaschinen, Maschinen und Elektrogeräte hergestellt. Im Industriegebiet von Riesa, äußerster Ausläufer dieser Wirtschaftszone, in den letzten Jahrzehnten stark gewachsen, ist zu dem alten Stahlwerk mit dem neuen Rohrkombinat die einzige Fertigung der DDR für nahtlose Rohre gekommen; das Chemiewerk Nünchritz auf der anderen Seite der Elbe ist stark erweitert worden.

Joachim Nawrocki

Industrieanlagen an der Elbe vor Riesa

„Elbflorenz" Dresden

Die schmückende Bezeichnung „Elbflorenz" für Dresden ist eine alte bildungsbürgerliche Metapher wie „Spree-Athen" für Berlin und – von Goethe gebraucht – „Klein-Paris" für Leipzig. Heute ist „Elbflorenz" der Markenname einer in Dresden hergestellten DDR-Schokolade. Nach der Zerstörung der Stadt vermochte nur noch wehmütige Erinnerung, keine literarische Schwärmerei mehr aufzukommen. Aber noch in den dreißiger, vierziger Jahren unseres Jahrhunderts konnte der Dichter Martin Raschke die reiche Vielfalt des Stadtbildes und der sie umgebenden Landschaft hymnisch rühmen. Er verglich das Kernstück der Stadt – Schloß, Hofkirche, Zwinger und Opernplatz – mit Paris, Rom, Venedig und süddeutschen Städten. Auch das Blühen des Elbtals, mit Pfirsich und Mandel, erschien ihm südlich.

In der Tat war Dresden eine kosmopolitische Residenz, im 18. Jahrhundert allemal, und wieder mit dem Opernleben der Richard-Strauss-Ära vor dem Ersten Weltkrieg. Polnischer Adel und italienische Musiker, französische Architekten und russische Pensionäre waren hier zu Hause, englische Kunst-Touristen reisten herbei. August den Starken hatte seine Cavalierstour nach Spanien, Paris und Venedig geführt, bevor er den sächsischen Kurfürstenthron und den polnischen Königsthron bestieg. Die Elbe sollte nach seinen Plänen ein Canale grandissimo werden, Venedig übertreffen, eine schloßbesetzte Prunk-Wasserstraße: die Schlösser Pillnitz und Übigau, elbauf- und elbabwärts von Dresden, waren zwei Fixpunkte. Italienischer Geist weht um die katholische Hofkirche Chiaveris, die Veduten-Malereien Canalettos, das Marcolini-Palais.

Dresden hatte so viele Palais wie das Jahr Tage hat. Alle Künste waren hier vereint, die Stadt war ein Gesamtkunstwerk. Hier

Ansicht der Dresdner Alstadt im 18. Jahrhundert

wurde der größte Festspielplatz des Barock konzipiert, der Zwinger; nebenan dirigierte später Richard Wagner seine Jugendwerke und mochte schon an Bayreuth gedacht haben. Aber Pathos kann sich in Dresden nicht halten, es wäre, auf sächsisch, „Bahdoss", und das geht nicht. Dostojewski nannte Dresden einen „Schatz in der Schnupftabaksdose", das ist schön empfunden, er meint das leicht Überschaubare, anmutig Verfügbare. Und es ist nicht pathetisch, wenn Martin Raschke schreibt: „Glaub mir, ich kannte einen Mann, der meinte, hier sei der Mittelpunkt der Welt." Und weiter, durchaus auf dem Boden der Tatsachen: „Es scheint mir manchmal, als könnte man in einer solchen Stadt nur traurig oder verliebt sein, und es war wohl Stendhal, der diese Feststellung zuerst machte und lächelnd hinzufügte, daß Traurigkeit und Verliebtheit für die Bewohner dieses Landstrichs dasselbe ist. Traurig oder verliebt! Ist es das Übermaß des Überlieferten an Kunstwerken und Bauten? Wie mischen sich hier die Länder und Stile, Süden und Norden! Ist es die viele Schönheit von fremder Herkunft, die bedrückt, oder nur die Feuchtigkeit der Talluft, die stille zu stehen scheint in dem Elbkessel durch Wochen?"

Aus dem Norden waren zwei Mätressen Augusts des Starken nach Dresden gekommen, die Königsmarck und die Cosel. Den schwermütigen Maler Caspar David Friedrich später vermochte Dresden nicht aufzuheitern, aber sein Freund Philipp Otto Runge konnte an den Vater schreiben: „So einen Frühling wie hier habe ich noch nicht gesehen; rund um uns her ist es ein wahres Paradies." Und in des dänischen Märchenerzählers Hans Christian Andersen „Reise nach Dresden und in die Sächsische Schweiz" heißt es: „. . . bald sieht man wie durch einen Schleier das deutsche Florenz, Dresden, mit seinen Türmen und Kuppeln vor sich liegen . . . Als ich nach der Augustusbrücke kam, die ich schon so gut aus Kupferstichen und Gemälden kannte, kam es mir vor, als ob ich schon früher einmal im Traum hier gewesen wäre . . ." Das war 1831.

Es hat seinen Sinn, daß Dresden durch Besucher aus dem Norden den Namen „Elbflorenz" erhielt, wiewohl Elb-Rom, Elb-

Links: Gründerjahre-Palais über der Elbe in Dresden
Folgende Seiten: Ausblick aus der Semper-Galerie auf den Zwinger-Hof und die Brühlsche Terrasse

Venedig zutreffender gewesen wäre, denn Dresden ist eine Barockstadt und keine Renaissance-Stadt. Das stimmt und stimmt nicht ganz. Denn noch in der ersten Hälfte des vorigen Jahrhunderts führte der Architekt Gottfried Semper in Dresden die italienische Neu-Renaissance ein, gleichsam um dem Wort „Elbflorenz" entgegenzukommen. Nicht nur die Gemäldegalerie und die Oper – die ihm so viel Ehre machte, daß sie seinen Namen in ihrem mitführt: sie heißt überall die „Semper-Oper" –, auch viele Palais und Villen entstanden im Stil der italienischen, der Florentiner Renaissance.

Aber Dresden bestand nicht nur aus der Silhouette, sondern auch aus einem glücklich zu erlebenden Grundriß. Die vielen Parks, auch die schönen historischen Friedhöfe, die Verbindung von Altstadt und Neustadt durch Brücken und Brückenköpfe gehören zum Bild. Hier findet jeder, was ihm gefällt. Dresden war, wenn auch nicht der „Mittelpunkt der Welt", so doch eine Mitte Mitteleuropas. Dresden war vielerlei: Die Bürgerwiese mit den teuren Antiquitätengeschäften, aber auch die Ziegelgasse mit den Trödlern; die Prager Straße mit den elegantesten Schaufenstern, aber auch die verwanzte Frongasse, Münzgasse, Brüdergasse; der Zwinger mit den lächelnden Putten, aber auch der Circus Sarrasani mit seinen traurigen Clowns; der Große Garten, der Waldpark, die Dresdner Heide, aber auch die sonntäglichen

Schrebergärten; der Weiße Hirsch, aber auch die Vorstädte Pieschen und Mickten. Und sommers die Vogelwiese, winters der Strietzelmarkt, Fischsemmeln und Pflaumentoffel für Reiche und Arme.

Erich Kästner, in einer armen Gegend Dresdens aufgewachsen, dem „Hechtviertel", betrachtete doch die Schönheiten der Stadt als seine: „Wenn es zutreffen sollte, daß ich nicht nur weiß, was schlimm und häßlich, sondern auch, was schön ist, so verdanke ich diese Gabe dem Glück, in

Der Dresdner Neumarkt im 18. Jahrhundert

Dresden aufgewachsen zu sein. Ich mußte, was schön sei, nicht erst aus Büchern lernen. Nicht in der Schule und nicht auf der Universität. Ich durfte die Schönheit einatmen wie Försterkinder die Waldluft. Die katholische Hofkirche, George Bährs Frauenkirche, der Jüdenhof und das Dinglingerhaus, die Rampische Straße mit ihren Barockfassaden, die Renaissance-Erker in der Schloßstraße, das Coselpalais, das Palais im Großen Garten mit den kleinen Kavaliershäusern und gar, von der Loschwitzhöhe aus, der Blick auf die Silhouette der Stadt mit ihren edlen, ehrwürdigen Türmen, – doch es hat ja keinen Sinn, die Schönheit wie das Einmaleins herunterzubeten!"

Das erlebte Kästner, als er „ein kleiner Junge war", und nach 1945 schrieb er als Mann in mittleren Jahren: „Ja, Dresden war eine wunderbare Stadt. Ihr könnt es mir glauben. Ihr müßt es mir glauben! Keiner von Euch, und wenn sein Vater noch so reich wäre, kann mit der Eisenbahn hinfahren, um nachzusehen, ob ich recht habe. Denn die Stadt Dresden gibt es nicht mehr. Sie ist, bis auf einige Reste, vom Erdboden verschwunden. Der Zweite Weltkrieg hat sie, in einer einzigen Nacht, mit einer einzigen Handbewegung, weggewischt. Jahrhunderte hatten ihr unvergleichliche Schönheit geschaffen. Ein paar Stunden genügten, um sie vom Erdboden fortzuhexen. Das geschah am 13. Februar 1945. Achthundert Flugzeuge warfen Spreng- und Brandbomben. Und was übrigblieb, war eine Wüste. Mit ein paar riesigen Trümmern, die aussahen wie gekenterte Ozeandampfer."

Heute wären wir manchmal froh, wenn die Ruinen noch zu sehen wären, ließen sie doch das einstige Dresden wenigstens ahnen. Sie wurden Stein für Stein von „Trümmerfrauen" abgetragen und zur Wiederverwendung geputzt; die weiten Flächen, über die der Wind pfiff, wurden eingesät, als ob über die Vergangenheit Gras wachsen sollte. Dann setzte, im Stil der fünfziger Jahre – heute schon historisch und fast tröstlich empfunden – der Neuaufbau ein, ehe die von Sibirien bis Texas als fortschrittlich empfundene Schnellfertigbauweise mit neuen Straßenzügen den alten Grundriß durchkreuzte, mit Hochhäusern das Elbufer blockierte. Die restaurierten Gebäude – Hofkirche, Zwinger, Gemäldegalerie – Oper und Schloß sollen folgen – wirken im Beton isoliert.

„Und wie gefällt Ihnen Dresden?" ließ Brigitte Jeremias in ihrem Reisebericht „Dresden 1964" einen jungen Volkspolizisten fragen und zugleich selbst die stupide Antwort geben: „Na, und ist es nicht schöner als vorher? ... Es ist doch alles heller, luftiger, sonniger geworden, nicht mehr so muffig und eng." Drei Jahre später: „Vom ‚Waldschlößchen' aus, halbwegs zum Weißen Hirsch hinauf gelegen, der Stelle von der aus die Maler allezeit die berühmte Silhouette der Stadt festgehalten haben, sieht Dresden fast so aus wie einst ... Von Nahem freilich schaut's anders aus." Sie wendet sich drum lieber weiter und fragt: „Wie erscheint Dresden dem heutigen Besucher? Kommt er in einen der Vororte, welche die Stadt wie einen Kranz umlagern und unbeschädigt blieben... so kann er, trotz aller Neuordnung, eintauchen in den Strom der Vergangenheit. Wo in der Welt gibt es noch solche Gärten mit Rotbuchen, in denen die Eichhörnchen wohnen und an deren Stämmen der Specht hämmert, mit blauem Rittersporn und verschwenderischen Rosen?"

Der Blick der Maler und die Vororte sind das, was heute Elbflorenz ausmacht. Das Lob der Dichter war immer mehr eine staunende Prosa, anreimen ließ Dresden sich nie, von Theodor Körner nicht und auch nicht von Meistern wie Friedrich Hebbel und Rudolf Alexander Schröder. Aber die Maler haben mit besessener Trauer die Trümmer aufgenommen: Wilhelm Rudolph, Albert Wigand, Hans Körnig, Ernst Hassebrauk. Joseph Hegenbarth malte und zeichnete im Zoologischen Garten, aber auch in Wärmehäusern, in Straßenbahnen, an Haltestellen. Andere malten die Vororte, in denen sie lebten: Paul Wilhelm die Lößnitz, Hans Jüchser den Wachwitzgrund. Hassebrauk steigerte die Farben in der grau gewordenen Stadt noch einmal impressionistisch-expressionistisch, einen mohnroten Himmel, einen lavendelblauen Elbstrom. Aber er malte nicht nur den berühmten Blick, sondern auch die kleine Fähre in Laubegast, den Industriehafen am Schlachthof, die Weiße Flotte und die schwarzen Elbzillen.

„The splendor of Dresden": die Pracht, der Glanz Dresdens – unter diesem Titel wurde im Frühjahr 1978 ein neuer Flügel der National Gallery of Art in Washington eröffnet: Schätze aus der Gemäldegalerie, dem Grünen Gewölbe, der Porzellansammlung ... Aber Dresden ist nicht nur Raffaels Sixtinische Madonna, Giorgiones Schlummernde Venus, Vermeers Kupplerin, Rembrandts Selbstbildnis mit Saskia. The splendor of Dresden ist in Teilen ausleihbar, kann in Worten, Tönen, Bildern auch auswärts ein wenig weiterwirken. Das eben ist das Wesen der verwandelnden Kunst. Sonst wäre Dresden nicht Elbflorenz.

Dieter Hoffmann

Folgende Seiten: Laubenidyll in der Lößnitz. Weinberge und Industrie bei Radebeul

Die Lößnitz

Die Elbe floß einst aus der Dresdner Niederung nach Norden, dorthin, wo heute der Vorort Klotsche liegt. Bewegungen der Erdkruste in der Eiszeit zwangen den Fluß, sich einen neuen Weg nach Nordosten durch einen Granitriegel zu suchen. Damals, vor einer Million Jahren, entstand die Lößnitz. Es ist der Hügelzug rechtsseitig der Elbe, in den das Dresdner Becken ausläuft: ein fruchtbarer Landstrich mit Obst- und Gemüse- und Spargelkulturen, ein Stückchen Bergstraße für die Dresdner (in der Tat ist es die wärmste Gegend Sachsens), inzwischen längst ein Ableger der Stadt, gesuchte Wohngegend, doch immer auch noch eine heitere, bukolische, südlich erscheinende Idylle. Vor allem aber bietet sie, was hier im östlichen Mitteldeutschland kaum erwartet wird: Weinbau. Die Bischöfe von Meißen haben ihn hier vor siebenhundert Jahren begründet, wissend, daß die Verbindung von Gneis, Granit und Lehm den Reben gefällt.

„Gefallene Größe" hat der junge Lyriker Wulf Kirsten dieser Landschaft nordwestlich von Dresden in einem Gedicht zugeordnet. Gefallene Größe? Den Blick auf die Lößnitz haben die sächsischen Fürsten gelenkt. August der Starke hat hier Weinfeste gefeiert, im Schlößchen Hoflößnitz, das sein Vater in der Mitte des 17. Jahrhunderts erbaute. Es ist ein einfacher Bau, ein Landhaus eigentlich, mit Walmdach und Wendeltreppe im angebauten Turm; nicht zu vergleichen mit Schloß Pillnitz, dem festlichen Abschluß Dresdens stromauf. In der Hoflößnitz ging es ländlich und derb zu, und unter der Kassettendecke im Festsaal, deren achtzig Felder der holländische Maler Eyckout naturgetreu mit brasilianischen Vögeln ausgemalt hat, hat man sicher kräftig getrunken. Zu Augusts des Starken Zeiten wurde der Wein noch aus Kotschberer und Zutschwitzer Trauben gekeltert; heute sind es wie in anderen deutschen Weinanbaugebieten Müller-Thurgau und Silvaner.

Die Weine von der Lößnitz seien, so sagt man in Sachsen, quietschesauer, sie ziehen einem die Löcher in den Strümpfen zusammen. Und so rennt man mit den Westmark, die der Onkel aus Frankfurt bei seinem Besuch dagelassen hat, in den Intershop, die staatlichen Devisenläden, und kauft „Zeller schwarze Katz" für zwölf Mark siebzig, nicht wissend, daß man, wie Hans im Glück, Gold für einen Mühlstein getauscht hat. Denn bei den weiten Anbaulagen in den westdeutschen Weingegenden und den Möglichkeiten, den Wein zu behandeln, ist ein solcher Name keine sehr verläßliche Herkunftsangabe. Dagegen ist das Lößnitzer und Meißner Anbaugebiet so klein, daß man sicher sein kann, was man bekommt, und selbst die billigeren Sorten sind einigermaßen rein. Selbst Sekt gibt es, und der „Hoflößnitzer Schloßberg Extra dry" kann mit westlichen Marken durchaus mithalten; ein klarer Kopf am anderen Morgen beweist's.

Säuberlich und sächsisch-redlich in Reihen, die sich den Wellungen des Bodens anpassen, wachsen die Reben um die Hoflößnitz herum die sanften Berge hinauf zum Spitzhaus, einem Bergrestaurant. Von der Terrasse sieht man im Westen bis nach Meißen, im Osten bis zu den Anfängen der Sächsischen Schweiz, im Süden bis zu den ersten Anhebungen des Erzgebirges. Im Tal windet sich die Elbe, schimmernd in hellem Licht, als hätte sie sich hier, langsam und geruhsam nach Westen gleitend, endlich von der Trauerschwärze befreien können, die der Strom seit dem 13. Februar 1945 trägt, der grausigen letzten Faschingsnacht des Zweiten Weltkrieges, in der Dresden in Schutt und Asche sank. Zum Spitzhaus hinauf führt von der Hoflößnitz eine alte, an manchen Stellen verwitterte und bröckelnde Steintreppe. Pöppelmann, der Architekt des Dresdner Zwingers, hat sie angelegt. Sie hat 365 Stufen, 52 Ansätze und zwölf Ruheplätze; Sinnbild der Tage, Wochen und Monate des Jahres.

Der Sonnenhang der Lößnitz hat seit dem 18. Jahrhundert Herrenhäuser und Sommersitze, ländliche Bürgerhäuser und Villen angezogen. In einem von ihnen, „Wakkerbarths Ruhe", einem schloßähnlichen Altersruhesitz, den sich der Intendant

Fahrt zur Mittagspause in der Lößnitz
Rechts: Schloß Moritzburg, am Rande der Lößnitz gelegen

Augusts des Starken, der Generalfeldmarschall von Wackerbarth, bauen ließ, hat sich heute das Volkseigene Gut Weinbau, das Zentrum des Lößnitzer Weinbaus, niedergelassen. Anderen, wie dem Haus Sorgenfrei, einem bürgerlichen Sommersitz vom Ende des 18. Jahrhunderts, hat der Zahn der Zeit zugesetzt. Der Malerin, die hier wohnt, regnet es durchs schön geschwungene Empiredach auf Porträts und Landschaften, obwohl das Haus schon sechs Jahre lang eingerüstet ist. Immerhin ist die Spitze des Glockenturms auf dem Dach frisch vergoldet. Sie leuchtet über braune Weinberge, über die sich in allerlei Wildwuchs versteckende Remise hinter'm Haus, über die Putten zwischen Astern und Ringelblumen im Garten. Später, als die fortschreitende Industrialisierung die Stadt immer weiter ins Elbtal wachsen ließ und den Weinbau zurückdrängte, siedelten sich hier Kaufleute und Beamte, Industrielle und Künstler an. Ihre Häuser und Villen prägen noch immer das Stadtbild von Radebeul, der Stadt, die sich unterhalb des Lößnitz-Steilabfalls hinzieht.

Eines dieser Häuser ist in die Literatur eingegangen: es ist das Hohe Haus auf dem Bischofsberg. Gerhart Hauptmanns Lustspiel „Die Jungfern vom Bischofsberg" hat hier seinen Ursprung. Es erhöht romantisch-geheimnisvoll ein entscheidendes Stück seines eigenen Lebens. Hier warben er und seine beiden Brüder um die drei Töchter des Wollkaufmanns Thiedemann,

der das Haus gekauft hatte. Alle drei heirateten die ganz verschiedenartigen Mädchen, die früh ihre Mutter verloren hatten, und alle drei verließen ihre Frauen wieder. Das ist lange her, knapp hundert Jahre inzwischen. Heute erinnern noch zwei Widderplastiken, Zeichen des Wollhandels, am Eingang des düsteren, hochräumigen Jugendstilhauses an den einstigen Besitzer. Im Obergeschoß birgt es heute in purpurn getünchten Räumen mit weißen Meißner Porzellanöfen eine riesige Handpuppensammlung.

Für junge Menschen ist der größte Magnet in der Lößnitz noch heute das Indianermuseum in Radebeul. Früher hieß es Karl-May-Museum, denn der berühmte Abenteuergeschichten-Erzähler hat es zusammen mit seinem Freund und Reisegefährten Patty Frank im Blockhaus Villa Bärenfett einst gegründet. Aber Karl May ist noch immer persona ingrata in der DDR. Doch auch wenn das Museum von Winnetou schweigt, vielmehr ethnologisch und soziologisch aufgebaut ist – Winnetous jugendliche Bewunderer stoßen auch in der DDR das alte Indianer-Ui-Ui-Ui aus und träumen nicht anders als ihre Vettern im Westen von Pferden, Lasso, Wigwam und Blutsbrüderschaft.

Dieser Landstrich an der Elbe: natürlich berührt er einen vor allem dann, wenn man mit Elbwasser getauft ist und an den Hängen der Lößnitz bei Onkel und Tante die ersten Tomaten, Erd- und Stachelbeeren mauste. Aber es ist auch der liebliche Charakter der Landschaft selbst, der den Besucher ergreift. Was man auch abreißt und wiederaufbaut – und letzteres tut man zur Zeit getreulich rund um Dresden –: die Hügel und Hänge längs der Elbe bleiben sich gleich im orangefarbenen Licht der Morgen und Abende, im Ocker- und Marderbraun der Erde, im Burgunderrot der Früchte und Blumen, Farben, wie sie die Lößnitzmaler Karl Kröner und Paul Wilhelm auf ihre Bilder gezaubert haben. Siebenmal sieht man von der Friedensburg, einem Höhengasthof oberhalb Radebeuls, die Elbe sich winden. Und vor allem im Frühjahr hat die Elblandschaft noch immer den Anhauch seliger Gefilde.

Brigitte Jeremias

Meißen

Die letzte markante Erhebung an der Elbe, bevor der Fluß in die weite Ebene eintritt, die bis zu seiner Mündung reicht, ist vielleicht nicht die imposanteste, ganz sicher aber die historisch bedeutsamste. Es ist der Meißner Burgberg, ein massiger Block, zusammengefügt aus einem steil abfallenden Bergsporn und dem noch steiler darauf aufgetürmten Ensemble von Burg und Dom; mit dem behäbigen runden Eckturm des einstigen Bischofsschlosses und der emporgereckten Fassade der Albrechtsburg reicht er fast bis an die Elbe und beherrscht das Bild der Stadt. Er ist der Eck- und Grundstein der Geschichte des sächsischen und einer der Angelpunkte des mitteldeutschen Raumes überhaupt. Von der Bergnase, die hier in das sich schon erweiternde Elbtal hinein reicht, ist nichts Geringeres als die deutsche Geschichte dieses Landstrichs ausgegangen. Der Bericht, den der Chronist Thietmar von Merseburg ein gutes Jahrhundert später von der Errichtung einer Burg auf diesem Berge durch den deutschen König Heinrich I. im Frühjahr 929 gegeben hat – „Hier ließ er einen nahe der Elbe gelegenen, dicht bewaldeten Berg roden und auf ihm eine Burg erbauen, der er nach einem im Norden vorbeifließenden Bach den Namen Misni gab" – ist deshalb eine Gründungsurkunde, nicht nur für diese Burg, sondern für ein gewichtiges Stück deutscher historischer Kontinuität.

Eckstein und Grundstein: die Burg sicherte die nach Osten ausgedehnte Grenze des Reiches; die Grenzsicherung, zunächst ein militärisches Instrument, um das Reich gegen Einfälle zu schützen, ermöglichte dann die deutsche Besiedlung des von Slawen bewohnten Gebiets; die Besiedlung machte diesen Raum, in dem in grauer Vorzeit germanische Stämme gelebt hatten, in den aber im 7. Jahrhundert im Zuge der Völkerwanderung Slawen eingedrungen waren, zu dem Land, als das es dann an der deutschen Geschichte teilgenommen hat. Der Burgberg ist dementsprechend zuerst nur ein militärischer Stützpunkt. Dann wird er Sitz der Verwaltung dieses Raumes, der Mark Meißen, wahrgenommen durch einen Markgrafen, dem später ein Burggraf als Befehlshaber hinzugestellt wird. Wenig später wird er außerdem Sitz der zweiten mittelalterlichen Gewalt, der Kirche; er wird Bischofssitz. Alle drei Funktionen haben in der vielgiebeligen Bebauung des Berges ihren Niederschlag gefunden. Die Mark Meißen wurde zur Wurzel des Landes Sachsen, deren Herrscherhaus, die Wettiner, Ende des elften Jahrhunderts in den Besitz des Markgrafenamtes gekommen waren: sie wurden erst durch die Revolution von 1919 gestürzt. Das Bistum, zur Zeit der Reformation aufgehoben, ist 1921 wieder begründet worden; der heutige katholische Bischof von Meißen hat allerdings seinen Sitz in Bautzen.

Die Erringung dieses Raumes durch die Deutschen war ein Akt der Expansion. Aber man tut gut, diesen Vorgang nicht mit den Maßstäben der nationalstaatlichen Geschichte späterer Zeiten zu beurteilen. Auch die Kämpfe, die zwischen Deutschen und Slawen um die Burg Meißen ausgefochten wurden – 984 besetzte sie der Böhmenkönig Boleslaw II., 1002 der Pole Boleslaw Chrobry, sein Sohn Miseco scheiterte dreizehn Jahre später nur knapp –, erlauben nicht den Schluß, es habe sich hier um einen Kampf der Völker oder Nationen gehandelt. Es ging in erster Linie um Macht und Einfluß, und in der Zeit, in der hier die deutsche Oberschicht über die unterworfene slawische Unterschicht herrschte, war deren Verhältnis nicht grundsätzlich anders als das Verhältnis von Ober- und Unterschicht in den anderen Gebieten des deutschen Reiches.

Auch die Besiedelung des Landes durch deutsche Bauern, die „Kolonisation", die dann im zwölften Jahrhundert einsetzt, darf man sich nicht als eine Art „Kolonialismus" vorstellen. Es handelte sich vielmehr um eine Überlagerung und Durchdringung der slawischen Gebiete, die durchweg auf geringerer Entwicklungsstufe standen, durch Siedler, die aus Provinzen des alten Reiches hierher kamen, weil sie dort keine Möglichkeiten mehr sahen. Vor allem aber dehnten sie rodend und kultivierend die bisherige Siedlungsfläche aus. Über die „Offenflächen", in denen die Slawen bislang gelebt hatten, drängten sie in die bewaldeten und noch nicht urbar gemachten Landstriche vor. Etwaige Ausrottung oder Vertreibung sind nirgends belegt. Vielmehr hat sich offenbar eine Mischbevölkerung gebildet. Das slawische Element darin assimilierte sich allmählich, blieb aber noch über Jahrhunderte hin spürbar. Noch bis ins 15. Jahrhundert hinein konnte man vor Gericht slawisch sprechen. An vielen Ortsnamen dieser Gegend und manchen Siedlungsformen ist der slawische Untergrund dieser Gegend im übrigen noch heute erkennbar.

Von den Bauten auf dem Burgberg, die man heute besichtigen kann, reicht freilich nur der mächtige Dom in die Zeit zurück, in der in Meißen das politische Zentrum Sachsens lag. Er wurde im 13. Jahrhundert erbaut; künstlerisch bedeutsam an dieser einzigen Kathedrale Sachsens sind vor allem die Statuen – Otto der Große und seine Gemahlin Adelheid und andere –, die zu den großen plastischen Kunstwerken gehören, die in Mitteldeutschland in dieser Zeit zwischen Bamberg, Naumburg und Magdeburg entstanden. Die Albrechtsburg wie das Bischofsschloß, das die andere Ecke des Berges besetzt hält, stehen schon am Ende dieser geschichtsmächtigen Epoche. Als sie fertiggestellt wurden, verlagerte sich das Zentrum der politischen Gewalt nach Dresden, das von da an die sächsische Residenz und Landeshauptstadt blieb.

Aber die Albrechtsburg steht auch als Bauwerk an der Scheide zweier Epochen, des

Links: Der Meißener Burgberg mit Dom und Albrechtsburg. Oben: Ansicht von Meißen im 18. Jahrhundert
Folgende Seiten: Hochzeitskutsche und Markt auf dem Marktplatz in Meißen

Eis

Von der Elbe aus gesehen: der Burgberg von Meißen

Mittelalters und der Renaissance. Sie ist der erste deutsche Burgbau, bei dem der Wehrzweck, der Burgbauten bis dahin bestimmt hatte, in den Hintergrund und der Wohn- und Repräsentationszweck in den Vordergrund tritt. Das zeigt sich in der architektonischen Gestaltung durch den bedeutenden Baumeister Arnold von Westfalen. An die Stelle der Enge alter Burganlagen sind hier elegant gewölbte Säle und Gemächer getreten, die Mauern werden durch breite Fenster aufgelöst, und die Fassade zum Burghof hin hat schon den Charakter eines Schlosses. „Es gibt in Deutschland keinen Profanbau jener Zeit", so hat der Kunsthistoriker Johannes Jahn geurteilt, „der die Keime des Neuen in so dichter Fülle enthielte, wie wir sie hier beobachten können, und wenn irgendein Bau uns klarzumachen vermag, daß die Renaissance nicht von außen, von Italien gekommen ist, sondern sich auch, und zwar in erster Linie, auf unserem eigenen Boden, von innen heraus entwickelt hat, so ist es die Albrechtsburg."

Seitdem sind es nicht mehr politische Zeugnisse, die für Meißen stehen, sondern kulturelle, kommerzielle, bürgerliche im weitesten Sinn. In Meißen bestand seit dem 16. Jahrhundert im Kloster St. Afra eine der drei sächsischen Fürstenschulen. Ähnliche Schulen, vom Landesherrn errichtet, um begabte Kinder kostenlos auszubilden und dem Staat Beamte und Pfarrer heranzuziehen, entstanden damals auch in anderen Ländern. Die Meißner Schule gehörte zu den berühmtesten; aus ihr gingen zum Beispiel Lessing und Gellert hervor. Anfang des 18. Jahrhunderts, kurz nachdem Johann Friedrich Böttger das europäische Porzellan erfunden hatte, wurde die Porzellanmanufaktur hierher verlegt, die seitdem den Namen Meißen in alle Welt getragen hat und noch trägt.

Die Stadt selbst ist eine der charaktervollsten Kleinstädte geblieben, die es in der DDR gibt. Kaum irgendwo sonst findet man so viele alte Häuser und malerische Straßenprofile wie hier. Vor allem aber hat sich der bürgerlich-städtische Umriß fast unzerstört erhalten: das Gewimmel der Dächer, die Türme und Giebel, steile Straßen und krumme Gassen, alles zusammengedrängt unter der mächtigen Baugruppe von Burg und Dom, bieten einen einprägsamen Eindruck von dem, was eine Stadt über die Jahrhunderte hinweg darstellte. Zeitiger als anderswo in der DDR scheint man hier begriffen zu haben, daß die Renovierung von Altbauten eine wichtige Aufgabe ist.

Umfassend erneuert worden ist zu ihrer 500-Jahrfeier im Jahre 1971 auch die Albrechtsburg, und zwar nach Maßgabe der ursprünglichen, durch die Ausmalung des 19. Jahrhunderts zum Teil verfälschten Gestalt. In ihren weiten Räumen sind heute historische und kunsthistorische Ausstellungen untergebracht, die die prägende Rolle Meißens für den sächsischen Raum im Mittelalter dokumentieren. Sie tun das in bemerkenswert sachlicher und informativer Weise, unterstützt durch vorbildlich instruktive Graphiken und Schemata. Nur gelegentlich dringt der aufdringliche Schematismus der marxistischen Geschichtsauffassung durch. Der überwiegende Teil der Ausstellung aber zeigt, daß sich zumindest im Bereich der mittelalterlichen Geschichte die DDR-Historiker so äußern, daß ein Gespräch mit westdeutschen Kollegen ohne Mühe möglich und fruchtbar ist. Keine Spur etwa davon, daß die Besiedlung dieses Raumes gleichsam ein früher Fall von deutschem Imperialismus gewesen wäre, eine Deutung, vor der man vor zwei Jahrzehnten vielleicht nicht sicher gewesen wäre: ausdrücklich wird die „ungeheure Arbeitsleistung" gewürdigt, mit der sie die Grundlage für die Entwicklung dieses Raumes gelegt hat.

Hermann Rudolph

Rechts: Bei Stehla in Sachsen

Handel auf der Elbe

Geographie und Geschichte haben die Rolle der Elbe als Handelsweg bestimmt. Geographisch liegt sie wie eine Schlagader im mittleren Deutschland. Mit Ausnahme des Flüßchens Hörsel bei Eisenach, das zur Werra fließt, nimmt sie alle Gewässer in diesem Raum auf, vom Westen vor allem die Mulde, die Saale und die Ohre, vom Osten die Schwarze Elster und die Havel. Historisch trennt sie nur am Anfang die von Slawen bewohnten Landschaften von den germanisch-deutschen, ohne jedoch eine starre Barriere zu bilden. In der Folgezeit verlagert sich jedoch das Reich mehr und mehr über die Elbe hinaus ostwärts. Das Gebiet um die Elbe wird zu einer Landschaft des Übergangs, die weit nach Osten ausstrahlt – ablesbar an der Rolle, die etwa Magdeburg als Ausgangspunkt des im Mittelalter bis in die Ukraine hinein maßgeblichen „Magdeburger Rechts" einnimmt. Zwar will Napoleon vorübergehend sein Herrschafts- und Einflußgebiet nach Osten durch die Elbe begrenzen. Aber in den anderthalb Jahrhunderten deutscher Geschichte, die auf die Zurückdrängung Frankreichs folgen, wird die Mittel- und Mittlerlage dieses Flusses wieder klar erkennbar.

Exemplarisch deutlich wird das an der „Elbschiffahrtsakte", die 1821 auf Anregung von Friedrich von Motz, dem damaligen Oberpräsidenten der preußischen Provinz Sachsen, abgeschlossen wurde. In ihr versicherten sich die Elbanliegerstaaten, Österreich (für Böhmen), die Königreiche Sachsen, Preußen und Hannover, drei Herzogtümer in Anhalt, das Großherzogtum Mecklenburg-Schwerin, die Freie und Hansestadt Hamburg sowie der König von Dänemark (für Holstein), daß die Elbschiffahrt bis zur hohen See frei sein und Zölle nicht mehr erhoben werden sollten. Bis dahin hatte ein Frachtschiff, das die Elbe von Böhmen bis zur Mündung befahren wollte, in den zehn Staaten, die es zu durchqueren hatte, jeweils Zoll zu entrichten gehabt. Das kostete nicht allein Geld, sondern auch Zeit. Heute erkennt man darin den Beginn der Zollvereinigung in Deutschland und damit der staatlichen deutschen Einigung überhaupt.

Modell eines Elbseglers aus den Anfängen des Elbhandels

Die Schiffahrt auf der Elbe reicht weit zurück; auf zweitausendachthundert Jahre wird das Alter des eichenen Einbaums datiert, der 1925 in Magdeburg gefunden wurde. Wasserwege sind seit dem Mittelalter in Küstennähe wie im Binnenland willkommene, weil vergleichsweise billige Verkehrswege. Sie sind es zumal dann, wenn sie schiffbare Nebenflüsse besitzen wie es für die Elbe im böhmischen Gebiet die Moldau und in Deutschland vor allem die Saale und die Havel sind. Dazu kommt seit dem 18. Jahrhundert die Verbindung der Elbe mit einem nach Osten und später auch nach Westen gerichteten Kanalsystem. Den ersten Schritt dazu bildet der zwischen 1743 und 1747 gebaute Plauer-Kanal, der die preußische Hauptstadt Berlin mit der mittleren Elbe verbinden sollte; den letzten der 1938/39 fertiggestellte Mittelland-Kanal.

Über Jahrhunderte hinweg war die Flußschiffahrt allerdings ein weit schwierigeres und abenteuerlicheres Gewerbe als im 19. Jahrhundert oder in unserer Zeit. Die Flüsse

waren sich selbst überlassen, voller Inseln, Sandbänke und Untiefen. Erst im 18. und vor allem 19. Jahrhundert wurde begonnen, sie zu regulieren, um sie zu rationell nutzbaren Verkehrswegen zu machen. Die Elbe bedurfte freilich nicht so vieler Flußregulierungen wie der Rhein, weil sie bereits verhältnismäßig früh, bei ihrem Eintritt ins Flachland bei Mühlberg und Torgau eine beträchtliche Breite erreicht. Allerdings schwankt ihr Wasserstand, und an einigen Schwachstellen mußte korrigierend eingegriffen werden – beispielsweise in Magdeburg, wo das Hochwasser im Frühjahr durch einen „Umflutkanal" im Osten der Stadt an dem für die Schiffahrt gefährlichen Domfelsen vorbeigeleitet werden mußte.

Die Flußregulierung, das Ausbaggern der

Fahrrinne und die Befreiung des Flußlaufes von Uferbänken und Inseln, war die eine Vorbedingung für den Aufschwung des Schiffsverkehrs im vergangenen Jahrhundert. Die andere war das Aufkommen der Dampfschiffahrt. Denn bis dahin waren die Flußschiffer weitgehend vom Wind abhängig gewesen, vor allem dann, wenn die Fahrt stromauf ging, oder sie hatten ihre Schiffe vom Ufer aus mit Muskelkraft ziehen lassen müssen; die Schiffszieher, die sich auf dem Leinpfad am Ufer ins Zugseil stemmten, hießen in Sachsen, wo das gebirgige Ufer das „Treideln" unumgänglich machte, „Bomätscher" und waren in festen Zünften organisiert. Die Dampfmaschine machte die Schiffahrt frei von diesen Abhängigkeiten. Sie verkürzte zudem die Fahrzeiten bald beträchtlich und ermöglichte den Transport weit größerer Frachtmengen. Denn als Schleppschiffe konnten die Dampfschiffe mehrere der großen Elbkähne mit ihrer umfangreichen Ladefläche und dem relativ geringen Tiefgang ziehen, wie sie seit den siebziger Jahren des vergangenen Jahrhunderts vor allem auf der Roßlauer Schiffswerft bei Magdeburg gebaut wurden.

Ein besonderes Kapitel der Elbschiffahrt haben über bald sechzig Jahre die Kettendampfer geschrieben. Sie hatten ihren Namen daher, daß sie sich an einer in den Strom versenkten Kette vorwärts hangelten. Die eiserne Kette, deren Glieder achtzehn Zentimeter Durchmesser hatten, wurde vom Schiff aus dem Fluß gehoben und lief über das gekrümmte Deck, auf dessen Mitte eine von einer Dampfmaschine getriebene Zahnradtrommel stand. Sie griff in die Kettenglieder und zog so das Schiff gleichsam unter der Kette vorwärts, die dann über das Heck wieder ins Wasser versank. 1866 wurde das erste Stück Kette in Magdeburg verlegt, und schon acht Jahre später reichte sie über siebenhundert Kilometer weit von Melnik in Böhmen bis nach Hamburg. Sie war für die Elbschiffahrt ein beträchtlicher Fortschritt, denn die sechzig PS starken Kettenschlepper konnten bis zu zwölf Kähne ziehen. Allerdings konnte von den 28 Kettenschleppern jeder nur eine bestimmte Teilstrecke befahren, weil eine Begegnung zweier Dampfer bei nur einer Kette beträchtliche technische Probleme aufwarf. Anfang der dreißiger Jahre begann die Kette stellenweise unbrauchbar zu werden. Die Kettenschlepperei wurde in Etappen eingestellt, die Kette abschnittsweise entfernt. 1937 endete die Kettenschiffahrt auf der Elbe endgültig, doch erst nach 1945 wurde das letzte Stück der Kette bei Magdeburg aus dem Fluß geholt.

Seit den dreißiger Jahren beherrschen die mit Dieselmotoren angetriebenen Schlepper den Schiffsverkehr auf der Elbe. Sie ziehen bis zu fünf Kähne, deren Tragekraft allerdings auf tausend Tonnen und darüber angestiegen ist. Inzwischen beginnt jedoch schon die Ablösung der Schleppschiffe durch Schubschiffe. Insgesamt ist der Elbverkehr jedoch rückläufig: 1935 wurden beispielsweise in Schnackenburg an der Elbe, heute Grenzort an der innerdeutschen Grenze, der Transport von rund 3650000 Tonnen zu Berg und 2570000 Tonnen zu Tal registriert, fünfundzwanzig Jahre später waren es nur noch 2600000 beziehungsweise 1220600 Tonnen.

Der erste Raddampfer der Elbe war die „Königin Maria"

Von Anfang an sind die Dampfschiffe auf der Elbe auch für die Fahrgastschiffahrt genutzt worden. Schon 1837 fuhr das erste dieser Schiffe, die „Königin Maria", – auf der Schiffswerft Übigau, damals bei, heute in Dresden gebaut und von einer „Königl. privilegierten Sächsischen Dampfschifffahrts"-Gesellschaft finanziert –, elbaufwärts in die Sächsische Schweiz. Im Herbst des gleichen Jahres begann schon der regelmäßige Fahrverkehr. Nach anfänglichem Mißtrauen – das nicht ganz unbegründet war, denn zu dieser Zeit explodierte immer wieder einmal ein Kessel – wurde die Neuheit bald vom Publikum angenommen. Seitdem gehören die Passagierdampfer auf dem sächsischen und tschechischen Elblauf sowie bei Magdeburg zum Bild der Elblandschaft, und die Dresdner Elbschiffahrt – früher von der „Sächsisch-böhmischen Dampfschiffahrtsgesellschaft" besorgt, nach 1945, als zuerst Böhmen, dann Sachsen als Namen außer Kurs gebracht wurden, von der „Weißen Flotte" – geht bald auf ihr hundertfünfzigjähriges Jubiläum zu.

Albrecht Timm

Folgende Seiten: Zwischen Diesbar und Torgau

TANGERMÜNDE
MS5-391B
TANGERMÜNDE
MS5-391B

Torgau – „Begegnung an der Elbe"

Es macht einen Unterschied, ob man Torgau mit der Eisenbahn von Leipzig oder auf der Fernstraße 87 von Herzberg über die Elbbrücke erreicht: vom Bahnhof zur Stadt kommen die Reisenden an einem Friedhof mit etwa zweihundert sowjetischen Soldatengräbern vorbei; am Elbufer auf der anderen Seite weist sie ein Denkmal mit seiner Aufschrift eher in die entgegengesetzte Himmelsrichtung: „Hier an der Elbe vereinigten sich am 25. April 1945 die Truppen der 1. Ukrainischen Front der Roten Armee mit den amerikanischen Truppen." Mancher Deutsche, dessen Erinnerung an das Kriegsende verblaßt ist oder der es nicht erlebt hat, reibt sich beim Lesen die Augen. Denn es ist weithin vergessen, daß die angelsächsischen Armeen tief nach Mitteldeutschland hineingestoßen waren und daß sie weite Teile Mecklenburgs, Sachsen-Anhalts, Sachsen und ganz Thüringen erobert hatten: die Hälfte der Bezirksstädte der heutigen DDR wurden von britischen und amerikanischen Truppen eingenommen. Die sowjetischen Soldatenfriedhöfe hören westlich der Linie Torgau-Nauen-Altruppin auf.

Wie kam es dann, daß die kleine Kreisstadt an der Elbe ebenso wie Leipzig, Schwerin, Erfurt und viele andere große mitteldeutsche Städte alsbald sowjetisches Besatzungsgebiet wurde und heute dementsprechend zur Deutschen Demokratischen Republik gehört? Man muß vom deutschen Zusammenbruch sieben Monate zurückblättern, um die Antwort zu finden: Am 12. September 1944 hatten Vertreter Großbritanniens, Amerikas und der Sowjetunion in London ein Protokoll über die Ausdehnung ihrer Besatzungszonen in Deutschland und über die Verwaltung Groß-Berlins unterzeichnet; eine dazugehörige Landkarte hatten sie mit ihren Initialen versehen. Damit war das Wichtigste für die deutsche Nachkriegsentwicklung unverrückbar festgeschrieben. Auch die spätere Grenzkommission der beiden deutschen Staaten, gebildet entsprechend dem Grundlagenvertrag und seinem Zusatzprotokoll von 1972, hat deshalb nichts anderes tun dürfen, als diese Grenzziehung der Anti-Hitler-Koalition im Londoner Protokoll von 1944 – einschließlich kleinerer alliierter Korrekturen – festzustellen und zu markieren.

So mußten im Sommer 1945 die angelsächsischen Truppen Mecklenburg, Sachsen-Anhalt und Thüringen räumen und sich nach Schleswig-Holstein, Braunschweig, Hannover, Hessen und Bayern zurückziehen. Die Sowjetunion hatte dafür die Hälfte der ehemaligen Reichshauptstadt herzugeben. Auch das war durch das Londoner Protokoll festgelegt, und die Westmächte – jetzt einschließlich Frankreichs, das von den Angelsachsen eine Besatzungszone in Deutschland und einen Sektor in Berlin erhalten hatte – ließen sich 1948 auch durch den gewaltsamen Korrektur-Versuch der sowjetischen Berlin-Blockade nicht um ihre originären Rechte in Berlin bringen.

Torgau lag zu diesem Zeitpunkt schon lange inmitten der sowjetischen Besatzungszone und es liegt heute inmitten der Deutschen Demokratischen Republik. Wenige Schritte von dem Denkmal, das an das Zusammentreffen der amerikanischen und sowjetischen Truppen erinnert, steht jetzt – gewiß nicht zufällig in solcher Nähe – ein zweites, übliches, das der Sowjetunion für die Befreiung dankt. Und als die Stadt 1973 ihre Tausendjahrfeier beging, lautete die offizielle Losung: „Tausendjähriges Torgau – jung und schön durch den Sozialismus." Doch jeder Torgauer weiß es besser und sagt es: seine Stadt ist alt und schön – insbesondere durch die Renaissance und die sächsischen Kurfürsten.

Das heißt nicht, daß für die Bewahrung dieser Schönheit Torgaus unter den gegenwärtigen Umständen nichts getan würde: das Schloß Hartenfels mit seinem „Wunder des Wendelsteins" – ein hoher Treppenturm, der hierzulande seinesgleichen sucht – ist in gutem Zustand, die Renaissance-Torbögen an den alten Bürgerhäusern sind wohlerhalten, der Marktplatz mit der ältesten Apotheke Deutschlands und vor allem das Rathaus sind zur Tausendjahrfeier in präsentablen Zustand gebracht worden. Sogar die evangelische Stadtkirche von St. Marien, in der Luther gepredigt hat und in der seine Frau, Katharina von Bora, beigesetzt wurde, ist in den Genuß einer Innenrenovierung von beträchtlichem denkmalpflegerischem Aufwand gekommen.

Für die ganze Stadt scheint – anders als sonst in der DDR – die Erhaltung der alten Bausubstanz Vorrang vor den Neubau-Programmen zu genießen: nicht zufällig hat die Sozialistische Einheitspartei gerade hier vor einem reichlichen Jahrzehnt eine sogenannte „Torgauer Initiative" beginnen lassen, die allenthalben in den Bezirken auf Verschönerung der Städte drängte – möglichst durch kostensparende Eigenleistung der Bürger. Die großen zehn- oder vierzehngeschossigen Wohnblöcke, die sonst überall aus dem Boden gestampft werden, fehlen deshalb hier bis auf einen einzigen. Dafür erhalten etwa die alten Wohnhäuser aus dem vorigen Jahrhundert auf der Breitestraße hinter dem Rathaus eine sogenannte „komplexe Modernisierung", die ihren Bewohnern schrittweise – es dauert unter den Reparatur-Bedingungen in der DDR ziemlich lange – zu ordentlicher Innen-Installation und zeitgemäßen sanitären Einrichtungen verhilft. Diese Prioritäten-Setzung ist nicht falsch für eine Stadt, die kaum wächst. Die Anknüpfung an das Alte, Vertraute, schafft hier ein freundlicheres Klima als anderswo.

In Torgau, schon ein gutes Stück außerhalb des Ballungsraumes von Leipzig und Halle, ist das meiste geblieben wie früher. Die Größenordnungen und die Lebensumstände haben sich nur geringfügig geändert; industriellen Aufschwung hat die Stadt nicht erlebt. Im 19. Jahrhundert war ihre Bevölkerung langsam auf 12000 Einwohner gestiegen; heute sind es noch nicht einmal doppelt so viel. Zwar wächst draußen, wo früher die Reptitzer Bauern ihre Felder pflügten, das Flachglas-Kombinat immer weiter, aber seine Belegschaft kommt vorwiegend aus dem Umkreis der Stadt mit Autobussen zur Schicht. Die Torgauer arbeiten lieber im Steingutwerk mitten in der Stadt oder in der Landmaschinenfabrik; sie stellen in einem mittleren Möbelwerk Etagenbetten, im Papierverarbeitungswerk Briefumschläge her. Aus ihren Bäckereien duftet es köstlich wie eh und je. Dagegen lassen das Zuchthaus und fast noch mehr der sogenannte „Jugendwerkhof" – für minderjährige Häftlinge – frösteln, wenn nicht schaudern.

Geblieben ist auch die militärische Rolle der Stadt, sie steht offensichtlich auf einem militärstrategisch wichtigen Platz. Im Siebenjährigen Krieg diente sie als Hauptstützpunkt der preußischen Armeen an der mittleren Elbe. Die wohl blutigste Schlacht zwischen Friedrich dem Großen und dem österreichischen Feldmarschall Daun fand hier 1760 an den nahen Siptitzer Höhen statt. Das Eingreifen Zietens wendete sie für Friedrich schließlich zum Sieg. Danach kam Torgau zu Preußen und wurde Festung. Noch heute sieht das kundige Auge manches vom Verlauf der nicht mehr vorhandenen Festungsanlagen. Kasernen, Magazine, Lazarette und eine Militärstrafanstalt blieben. Am Anfang des Ersten Weltkrieges beherbergte Torgau 4000 Soldaten. Jetzt, nach dem Zweiten, sind es noch mehr, Russen und Deutsche.

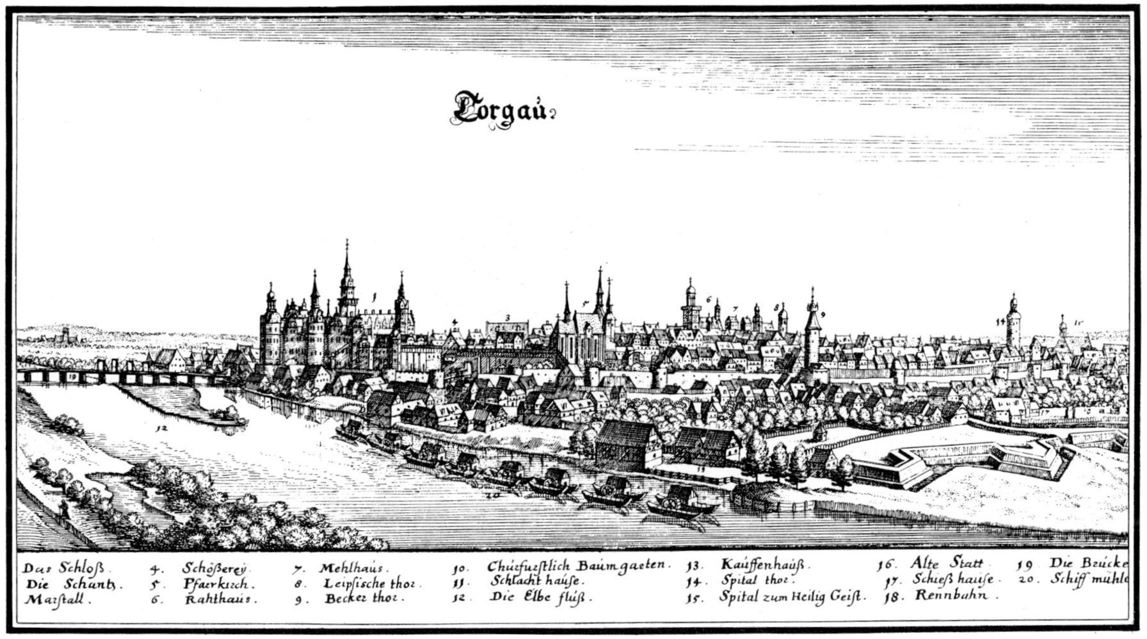

Ausschnitt eines Merian-Stiches der Stadt Torgau im 17. Jahrhundert

Was ist alles neu in Torgau? Eine kleine Musikschule und eine Fachschule für medizinisch-technische Assistenten nahe dem Schloß, außerdem ein ordentliches Hotel, wo früher das Denkmal Friedrichs des Großen stand. Seit jüngster Zeit auch ein kleiner, aber leistungsfähiger „Intershop"-Laden für Torgauer, die über westdeutsche Währung verfügen. Mehr eigentlich nicht. Doch hat der Torgauer „Freizeit-Wert" – westlich gesprochen – in jüngster Zeit zugenommen. Am „Großen Teich", der einst die kurfürstliche Tafel mit Fischen belieferte, ist ein Freibad für dreitausend Besucher mit Strandkörben und einem Camping-Platz entstanden. Dem Schwimmen und Bootfahren sind freilich genaue Grenzen gesteckt, denn neunzig Tonnen Speisekarpfen muß der mehr als zweihundert Hektar große See auch heute liefern.

Aufwendigere Neuerungen, die den Torgauern zugutekommen – ein Hallenbad mit Sauna, ein gepflegtes Café und selbstverständlich ein „Kulturhaus" mit Saal, Bühne und Restaurant – werden dem Sozialismus und dem sozialistischen Staat zugeschrieben. So heißt es auf einer Urkunde unter Glas: „Der Rat der Stadt Torgau hat beschlossen, in Würdigung des 25. Jahrestages der Deutschen Demokratischen Republik für die Bürger unserer Kreisstadt das Café am Markt zu schaffen. Im Rahmen der Festwochen zum 25. Jahrestag wird dieses Objekt am heutigen Tag der Bevölkerung übergeben. Torgau, am 1. 10. 74." Im Schwimmbad, dessen Objektleiter mit Parteiabzeichen am Jackett den interessierten Westdeutschen freundlich mit Handschlag begrüßt, steht Ähnliches unter Hinweis auf geleistete sozialistische Gemeinschaftsarbeit zur Kostensenkung und unter Bezugnahme auf den Maifeiertag 1978 als Einweihungsdatum.

Die Torgauer mit den riesenhohen Fernsehantennen auf den Dächern ihrer Häuser wissen als wohlinformierte und selbstbewußte Bürger einer alten deutschen Stadt solchen Bombast zu werten. Sie nennen ihre Straßen, die meist noch Kopfsteinpflaster haben, wie sie immer hießen: Spitalstraße statt Leninstraße und Bäckerstraße statt Allendestraße. Mit Liebe füttern sie ihre Bären – zehn Stück oder mehr – im tiefen Bärengraben vor dem Schloß. Wer sie aus Westdeutschland oder aus West-Berlin besucht, kann dabei gut mit ihnen ins Gespräch kommen.

Ernst-Otto Maetzke

Links: Schloß und Elbbrücke in Torgau. Oben: Elbsegler-Flotte, Darstellung des 19. Jahrhunderts
Folgende Seiten: Kuhweide bei Elster und Fährstelle bei Prettien

Lutherstadt Wittenberg

Der einzige Schmuck im Speisezimmer des „Wittenberger Hofs" ist das Portrait eines Mannes. Aber es ist nicht, wie sonst in der DDR, der Staatsratsvorsitzende Erich Honecker, sondern Martin Luther. Die sozialistischen Honoratioren, die hier einkehren, stört das offenbar nicht. Man ist schließlich in Wittenberg.
Auf den Parkplätzen am Rande des Zentrums stehen viele Autos mit auswärtigen Kennzeichen. Die rund 52000 Einwohner zählende Kreisstadt an der Elbe, die auch amtlich den Beinamen Lutherstadt trägt, ist auf Touristen eingestellt. Über 250000 Fremde wurden im letzten Jahr von der Kommunalverwaltung gezählt. Obwohl man sie nicht nach dem Grund ihrer Reise fragte, liegt die Antwort auf der Hand: die meisten, die hierherkommen, wollen die historischen Stätten der Reformation besichtigen. Die Begegnung mit den Spuren einer geistigen Bewegung, die in dieser Stadt ihr Zentrum hatte, und von hier aus Europa durchdrang, hat auch in der sozialistischen Gegenwart nichts von ihrer Faszination eingebüßt.
Das Ereignis, mit dem am 31. Oktober 1517 dieses Stück Weltgeschichte begann, fand an der Pforte der Schloßkirche statt. Die wuchtige Metalltür ist heute durch ein Gitter versperrt. „Dominus et magister noster Iesus Christus discendo", ist zu lesen, „da unser Herr und Meister Jesus Christus spricht", 95 Sätze in Lettern gegossen. Die Bronzetür wurde erst 1885 ins Portal gefügt. Die ursprüngliche Pforte, an die der Reformator in einem damals üblichen akademischen Akt seine provozierenden Thesen heftete, ist im Jahre 1760 verbrannt, bei einer Beschießung durch fremde Truppen, von denen die Stadt im Siebenjährigen Krieg heimgesucht wurde.
Auf dem kopfsteingepflasterten Marktplatz begegnet man Luther wieder. Sein Denkmal, 1821 vom berühmten Bildhauer Johann Gottfried Schadow geschaffen, zieht ebenso wie die Statue seines Freundes Melanchthon die Blicke der Touristen auf sich. „Glaubt an das Evangelium", ist in den Stein gemeißelt. Am Fuße des Standbildes liegt ein Blumenkranz. Dem markigen Luther-Spruch, der den Balkon des im Renaissance-Stil errichteten Rathauses schmückt, könnten auch die regierenden Genossen von der SED zustimmen: „Fürchte Gott, ehre die Obrigkeit und sei nicht mit den Aufrührern."
Tatsächlich haben die DDR-Kommunisten, die sich bei der Pflege des „kulturellen Erbes" gelegentlich nicht gerade enge ideologische Grenzen setzen, im Laufe der Jahre ein durchaus positives Verhältnis zu dem streitbaren Mönch und Professor gewonnen. Zwar nimmt man Luther übel, daß er die revolutionären Bilderstürmer bekämpfte und sich mit den Fürsten gegen die aufsässigen Bauern verbündete; aber seiner Leistung als theologischer und vor allem als politischer Reformator zollt die SED großen Respekt. Die Bibelübersetzung wird als „ein Ereignis von nationaler Bedeutung" gefeiert, als ein „Beitrag zur Nationwerdung unseres Volkes". Diese Wertschätzung ist so selbstverständlich nicht. Zunächst hatte es so ausgesehen, als würden die neuen Machthaber Luther gleichsam in die Ecke stellen. Als in den fünfziger Jahren das Gerücht umlief, die Parteileitung wolle die Lutherhalle in ein Revolutionsmuseum umwandeln, hielten nicht wenige solche Pläne für ernsthaft. Um die weit über Wittenberg hinaus entstandene Unruhe zu dämpfen, veröffentlichte die SED-Presse ein Dementi. Trotz der vielfältigen Konflikte, von denen das Verhältnis zwischen Staat und Kirche vor allem in der Ära des früheren SED-Chefs Walter Ulbricht geprägt war, hat die SED-Führung auch damals schon zuweilen für eine engere Zusammenarbeit zwischen Marxisten und Christen geworben. Hohe Funktionäre erklärten, die humanistischen und sozialen Ziele beider Weltanschauungen stimmten soweit überein, „daß sich ein Zusammengehen geradezu aufdrängt". Als die Wittenberger und die Evangelische Kirche in der DDR 1967 der 450. Wiederkehr des Thesenanschlages gedachten, wurden sie dann auch von der DDR-Regierung freiwillig unterstützt.
Wer sich der Stadt vom Süden, aus Richtung Leipzig, über die Elbe-Niederungen nähert, kann noch heute einen ähnlichen Eindruck gewinnen, wie ihn Lucas Cranach, der „Maler der Reformation", Freund Luthers und Wittenberger Bürgermeister, seinerzeit in seinen Holzschnitten und Kupferstichen festgehalten hat. Die Silhouette mit

Rechts: Ausschnitt des Lutherdenkmals vor der Stadtkirche in Wittenberg

den Türmen von Schloß- und Stadtkirche ist fast unverfälscht erhalten geblieben. Auch beim Gang durch die Straßen der Altstadt, die von Zerstörungen im Zweiten Weltkrieg verschont blieben, glaubt man zuweilen, die Vergangenheit reiche bis unmittelbar in die Gegenwart.
Am östlichen Ende der Collegienstraße erhebt sich das Augusteum. Als Nebengebäude der 1502 von Friedrich dem Weisen gegründeten Universität bot es Platz für Hörsäle und Stipendiaten-Unterkünfte. Heute beherbergt es das evangelische Prediger-Seminar. Über einen Hof erreicht man das Luther-Haus, jetzt ein staatliches Museum mit der bedeutendsten und umfangreichsten reformationsgeschichtlichen Sammlung der Welt. Achtunddreißig Jahre lebte der Reformator hier, zunächst als Mönch, später – nach der Auflösung des Augustiner-Eremiten-Klosters – mit seiner Frau Katharina von Bora als Hochschullehrer und Familienvater. Bei der Besichtigung des Hauses fällt es nicht schwer, sich in Gedanken ins ausgehende Mittelalter zurückzuversetzen.

Die Lutherstube, ein holzgetäfeltes großes Zimmer mit Fenstern aus Butzenscheiben, ist heute fast genauso eingerichtet wie zur Zeit des Magisters: ein schwerer Tisch, einfache Wandbänke, ein Kachelofen mit den Bildern der Evangelisten. Hier hat sich die Familie versammelt, hier wurde gesungen und musiziert, hier hat Luther seine „Tischreden" gehalten, die seine Studenten eifrig mitschrieben. Im ehemaligen Hörsaal sind Restauratoren bei der Arbeit. Das nächste Jubiläum, Martin Luthers 500. Geburtstag im Jahre 1983, wirft bereits seine Schatten voraus. Ein paar Schritte vom Augusteum entfernt, liegt das Melanchthonhaus, ehemals Wohn- und Arbeitsstätte des engen Freundes und Mitarbeiters Luthers. Das Haus und der angrenzende, von einer Mauer umgebene Garten mit seinen uralten Eiben und einem Steintisch aus dem Jahre 1551 atmen – wie ein Besucher schwärmerisch festhielt – „das Unmittelbare der Reformationszeit".
Wer Historie mehr nüchtern und sachlich nachvollziehen will, kann das im Stadtgeschichtlichen Museum, das im ehemaligen Schloß eine Heimstätte gefunden hat. Die übersichtlich geordneten Dokumente und Ausstellungsstücke machen es möglich, die Stadtgeschichte im Zeitraffer-Verfahren zu erleben: im Jahre 1180 erstmals urkundlich erwähnt; seit 1356 Kurfürstlich-Sächsische Residenz, zuerst der Askanier, später der Wettiner, genauer ihrer Ernestiner-Linie. Gleichwohl bleibt Wittenberg lange Zeit ein, wie Melanchthon einmal spottete, „Flecken, der keine Häuser, sondern nur schlechte Dorfhütten" hat. Seine große Zeit beginnt mit der Reformation. Angelockt von den Namen berühmter Lehrer kommen Studenten aus vielen Ländern in die Stadt. Auf rund 4500 ständige Einwohner kommen zeitweise zweitausend Studenten. Doch die Blüte dauert nicht lange. 1547 geht der Rang als Residenzstadt verloren, und einige Jahrzehnte später ist es auch mit dem Glanz der Universität vorbei. 1817, nachdem Wittenberg preußisch geworden ist, wird die Hochschule aufgelöst und mit der Universität in Halle vereinigt. So ist es geblieben; die Universität Halle heißt noch heute Martin-Luther-Universität Halle-Wittenberg.
„Mit dem 8. Mai 1945, dem Tag der Befreiung vom faschistischen Joch durch die siegreiche Rote Armee, begann ein neues Leben für die Wittenberger", heißt es im Museumsführer. Eine Fülle von Schaubildern, Modellen und Industrieerzeugnissen soll den wirtschaftlichen Wiederaufbau verdeutlichen. Im Original ist das eindrucksvoller. In Piesteritz, einem westlich gelegenen Vorort, erheben sich die Anlagen des VEB-Stickstoffwerk, größter Düngemittelproduzent der DDR. Rund achttausend Menschen finden in diesem Betrieb Arbeit. Die regelmäßigen Stellenangebote in den Zeitungen verraten, daß der Be-

Das Lutherhaus und Reformationsmuseum in Wittenberg

darf an Arbeitskräften noch größer ist. In Wittenberg ist wohl auch mehr gebaut worden als in anderen Kreisstädten des Bezirks. Ein Viertel aller Einwohner Wittenbergs, so ist in einer amtlichen Verlautbarung zu lesen, hat in den letzten sechs Jahren eine neue oder modernisierte Wohnung erhalten.

In der Lutherstadt Wittenberg liegt auch das Paul-Gerhardt-Stift, das größte evangelische Krankenhaus in der DDR. Hans Seigewasser, DDR-Staatssekretär für Kirchenfragen, hat bei einem Besuch im Sommer 1978 die vorbildlichen Leistungen der kirchlichen Sozialarbeit gewürdigt. Der Dienst in den diakonischen Einrichtungen, so erklärte er damals, habe „eine nicht zu überschätzende Bedeutung für den gesellschaftlichen Status der Kirchen in der DDR". In der Tat kann das staatliche Gesundheitswesen der DDR auch heute nicht auf die Diakonie verzichten. Von rund 580 Krankenhäusern der DDR werden mehr als achtzig noch immer von den beiden christlichen Konfessionen geführt, vor allem bei der Betreuung geistig und körperlich Behinderter sowie in der Altenfürsorge leisten die Kirchen außerordentliches: allein die protestantische Kirche unterhält rund neunzig Behindertenanstalten und etwa dreihundert Alten- und Pflegeheime. „Insbesondere im diakonischen Bereich zeigt sich im Sinne unserer gemeinsamen humanistischen Verantwortung die selbstverständliche und alltägliche Zusammenarbeit von Marxisten und Christen sehr deutlich", stellte Seigewasser bei seinem Besuch im Paul-Gerhardt-Stift fest.

Daß er diesen Satz in Wittenberg sprach, war gewiß kein Zufall. Bei der Pflege der Luther-Tradition haben in dieser Stadt Behörden und Kirchen schon zu einer Zeit zusammengewirkt, als noch nicht daran zu denken war, daß – wie im vergangenen Jahr geschehen – der Generalsekretär der SED, Honecker, die Sprecher der Evangelischen Kirche in der DDR hochoffiziell seines Verständnisses versichern würde.

Peter Pragal

Martin Luther als Mönch

Der Wörlitzer Park

Kein Zaun, keine Mauer. So merkt man nicht ohne weiteres, daß man die eigentlichen Anlagen betritt. Das Gartenland geht in den Park über, der Park öffnet sich ins Land, in die Kornfelder, in Weiden und Haine. Wer, von Berlin kommend, den Fluß überquert, findet sich in Auenwiesen, zwischen Gruppen hoher Buchen und Eichen. Ist doch die gesamte Dessauer Elblandschaft, ein Raum von dreißig Kilometer Länge, vor zweihundert Jahren zur Parkanlage umgestaltet worden, deren Kern, eben Wörlitz, nur einen kleinen Bruchteil ausmacht.

Sanfte Hügel, Rasenflächen, riesige Bäume; aus dem Grün leuchtete hell das Schloß. Daneben Durchblicke auf die spiegelnde Fläche des Sees, eines Altwassers der zu Urzeiten hier in viele Arme geteilten Elbe. Bald auch Blicke auf Kanäle, auf geschwungene Brücken. Wasser und Land, Stille und Bewegung: in der Schwingung der Wege, in geschlängelten Pfaden setzt sich die Bewegung des Flusses fort, man fühlt sie unter den Füßen. Im Gehen immer neue Sichten, Jean Pauls „wechselnder Garten". Licht und Schatten in ganz verschiedenem Grün, unauffällig arrangiert, komponiert. Die heimischen Eichen und Buchen, Platanen, Erlen neben Rot-Zedern, Weymouthskiefern, Tulpenbäumen; Azaleen, Rhododendron neben unserem Flieder. Sogar Palmen, diese Zeichen des Südens, der Sehnsucht, und Feigenbäume, Erinnerung ans Paradies. Auf den Wassern Fähren und Gondeln, lautlos vorübergleitend; die Menschen in ihnen ganz still. „Das Vorüberschweben eines leisen Traumbildes" hat Goethe diesen Ort genannt. Mir schien er wie Watteaus „Einschiffung nach Cythera", wie der Aufbruch zur Insel Aphrodites, der römischen Venus, der Göttin allen Wachstums, der Schönheit und der Liebe.

Wörlitz – das war eines der ersten deutschen Beispiele jener „Landschaftsmalerei mit dem Material der Natur selbst", wie sie später dem Fürsten Pückler in seinen geistverwandten Schöpfungen Muskau und Branitz vorschwebte. Die damals neuen Gärten des „englischen" oder auch „malerischen Stils", wie man sagte, suchten nach der natürlichen Form, nach einer von Menschen wiedergefundenen und gestalteten Natur, ohne daß man seine Hand spüren sollte. Man strebte nach der zwanglosfreien, unauffällig gepflegten Individualität des Ganzen und seiner Teile, wollte zurück zur Natur. Das war, als Wörlitz in der Spätzeit des Rokoko entstand, ein Vierteljahrhundert vor 1789, eine wirkliche Revolution, weshalb für Wieland dieser Park nicht nur die Zierde und der Inbegriff des 18. Jahrhunderts war, sondern vor allem ein Symbol seines Fortschritts.

Das neue Zeitalter war auch an der neuen Liebe zu freien Parks ablesbar, die scheinbar nur noch der Natur folgten, also nicht

Links: Ein Wasserarm im Wörlitzer Park in den Elbauen
Oben: Schloß Wörlitz. Folgende Seiten: Saale-Fähre bei Barby und Elb-Fähre bei Aken

mehr eingezwängt waren in die geometrisch strengen Formen französischer und italienischer Gärten der vorhergehenden Jahrhunderte. Bisher waren Gärten – mit schnurgeraden Alleen und farbigen Kieswegen, mit Rabatten, unbekümmert beschnittenen Bäumen und Sträuchern – gewissermaßen nur Fortsetzungen der steinernen Architektur der Schlösser gewesen, ohne jede spontane Regung, ohne Rücksicht auf die individuelle Eigenart aller Pflanzen. Jetzt verlangte diese steife Geziertheit ungestüm nach dem Ausgleich, nach ihrem Gegenteil, rief nach dem Wildnisgarten. Man entdeckte die Schönheit der freien Landschaft in ihren wechselnden Jahreszeiten, auch bei Wind und Wetter – und in ihr sich selbst. Man fand, erfand den Menschen des Sturm und Drang, den jungen Werther, das Wunschkind seiner Zeit, statt eines gekünstelten Höflings mit gepuderter Perücke den Jüngling im natürlichen Schmuck seiner offenen Haare und im sportlich engen blauen Frack, so etwas wie die Blue Jeans des 18. Jahrhunderts.

Vieles in Wörlitz – wie bei Werther – wirkt heute kurios, ist rührender Tribut an den Zeitgeschmack und doch zeitlos, ist aus der Erinnerung gestalteter, festgehaltener Reise-Eindruck: Pantheon und Amphitheater, sehr verkleinert, Tempel, Standbilder, Grotten. Ein Labyrinth als Allegorie des menschlichen Lebens und seiner Mühsale. Eine Einsiedelei. Ein italienisches Bauernhaus, Geschenk des Weimarer Herzogs, der – Goethe zufolge – einen unwiderstehlichen Drang nach Dessau hatte, im Fürsten Franz von Anhalt-Dessau (1740–1817) den engsten Freund und Berater unter seinen Standesgenossen sah. Einunddreißigmal wird sein Name im Gästebuch des Fürsten verzeichnet, das nicht vollständig ist. Goethe war mindestens achtmal in Wörlitz.

Fürst Franz, Herrscher nur über ein kleines Fürstentum, und seine Begleiter, denen wir Wörlitz verdanken – vor allem Friedrich Wilhelm von Erdmannsdorff, mit dem ihn eine ähnlich enge Freundschaft verband wie Carl August mit Goethe – sind ungewöhnlich bescheidene, aufgeschlossene Reisende im damaligen Europa gewesen. Vor allem England und Italien, Natur und Kunst waren ihre großen Vorbilder. In England entdeckte man die neue Auffassung von der Natur, übrigens auch neue landwirtschaftliche Methoden, die man zu Hause bahnbrechend ausprobierte. Nach Italien ging man der Kunst wegen; acht Monate lang belehrte Winckelmann, der für seine Zeit die Antike als Maßstab entdeckt hatte, die Dessauer. Frankreich, das sonst noch überall Deutschland prägte, interessierte nur in der Person Rousseaus, den man in Paris aufsuchte. Der Gedenkstein auf der Rousseau-Insel im Wörlitzer Park, der eine vom Fürsten selbst verfaßte Inschrift trägt, charakterisiert nicht nur den verehrten französischen Philosophen, sondern ebenso den damaligen Dessau-Wörlitzer Kulturkreis und seine Bestrebungen: „Dem Andenken J.-J. Rousseaus, Bürger von Genf, der die Witzlinge zum gesunden Verstande, die Wollüstigen zum wahren Genusse, die irrende Kunst zur Einfalt der Natur, die Zweifler zum Troste der Offenbarung mit männlicher Beredsamkeit zurückwies. Er starb den 2. Juli 1778."

Dessau-Wörlitz bedeutete für Deutschland vor zweihundert Jahren etwas ganz Eigenständiges; es kann sich neben Weimar durchaus sehen lassen. Das beweist schon seine Anziehungskraft auf vorantreibende Geister der Zeit: Rebmann und Forster, radikal-liberale Schriftsteller, Befürworter der französischen Revolution, zwei der unabhängigsten Deutschen jener Jahre, kamen und sparten nicht mit ihrer Anerkennung. Gleim, Lavater, Wieland, Novalis, Jean Paul, Alexander von Humboldt wurden von Wörlitz angezogen, suchten Beziehungen zu ihm; Winckelmann war auf der Reise hierher, als ihn sein Tod traf.

Die Ursachen dieser Aufmerksamkeit liegen zu Tage: dieser Zwergstaat, nicht größer als heute ein Landkreis, war, eine Ausnahme damals, kosmopolitisch gesonnen, stand den Einflüssen von Geist, Kunst und Zivilisation aus West- und Südeuropa weit offen. Das hatte Wirkungen auf vielen Gebieten: In der Landwirtschaft wie bei der Verwaltungsreform, beim Armen- und Gesundheitswesen wie im Straßen- und Brückenbau. Vor allem aber im Bildungswesen. Dessau besaß sechsundzwanzig Zeitschriften und einen genossenschaftlichen Verlag, die „Buchhandlung der Gelehrten". In der Pädagogik nahm Anhalt-Dessau den ersten Platz im damaligen Deutschland ein.

Das (religiös neutrale) Philanthropinum, eine reformpädagogische Erziehungsstalt, die eine freie und natürliche Entfaltung anstrebte, erlangte Weltruhm. Hier hielt man eine künstlerisch-handwerkliche Anleitung – Arbeiten in Holz und Pappe, Tätigkeiten in Garten und Haushalt – für ebenso wichtig wie eine harmonische Ausbildung des Körpers, lange vor Turnvater Jahn. Drei Stunden täglich sollten der körperlichen Entspannung dienen; man tanzte, ritt, focht, musizierte, trieb griechische Gymnastik. Wandertage wurden veranstaltet. Im Sommer übernachteten die Zöglinge zwei Monate lang in Zelten, um sich im Flußschiffen, Schwimmen, Ringen, Klettern, Werfen und Springen zu üben. Man errichtete in Anhalt-Dessau eines der ersten Lehrerseminare Deutschlands. Hier gab es auch frühzeitig Schulen für die niederen Stände, richtige Volksschulen. Man hielt sogar zur körperlichen Ertüchtigung der Landbevölkerung „Olympische Spiele" vor dem Hof und Tausenden von Zuschauern ab.

Das Leben als Kunstwerk, als heiter-ernstes Spiel. Noch heute kann man die Harmonie spüren, die von Dessau-Wörlitz ausging.

Arnulf Baring

Umwelt- und Gewässerschutz

„Die Luft war warm und frühlingshaft. Das Ufer flach und leer, mit kleinen kahlen Buchten. Das Wasser dunkel, schnell, mit weißer Gischt, man sah keine Handbreit tief. Ein rauher, beizender Geruch. Auf den Buhnen kein Angler, die Fische waren nicht mehr genießbar. Die Insel zwischen dem Strom und dem alten Flußbett, mit Sträuchern dicht über der Brühe, alles zugewachsen. Der Gestank des Flusses verfolgte sie, der Bezirkssekretär kannte sich damit aus. ‚Die größte Verschmutzung haben wir hinter uns, auf keinen Fall wird es schlechter. In Zukunft – kanns sogar besser werden.' Sie kletterten im Dunkeln auf das Gerippe einer Kläranlage. ‚Sie wird rekonstruiert. Bisher wurde produziert auf Teufelkommraus, ohne viel nach den Folgen zu fragen. Man bezahlte die Strafe, das kam billiger, als sich umzustellen.' Sie sahn auf das breite Wasser, das trüb und halb abgestorben in der Niederung hinfloß."
Die Beschreibung eines deutschen Flusses, gefährdet durch Mensch und Industrie. Es ist nicht der Rhein, an den mancher denken mag. Ein Fluß im anderen, im sozialistischen deutschen Staat wird in der „Unvollendeten Geschichte" des DDR-Autors Volker Braun geschildert. Wer den Handlungsort „Bezirk M." als „Bezirk Magdeburg" deutet, wird auf die Elbe schließen.
Brauns Geschichte wurde 1975 von einer DDR-Zeitschrift veröffentlicht. Sie löste Betroffenheit aus, erzählte der Schriftsteller doch in der DDR-Literatur bis dahin kaum

Gesagtes: die Gefährdung eines Menschen in der sozialistischen Gesellschaft. Dazu gehört auch die Darstellung einer sterbenden Umwelt.
Ob der Ost-Berliner Alfred Becker am Elbufer im Magdeburger Industriegebiet spazieren gegangen war, ob er an die für jeden Durchreisenden sichtbare Dunstglokke über dem Raum von Halle und Bitterfeld dachte oder nur einfach die vernachlässigten Altbauten seiner Wohngegend im Auge hatte, als er sich „eine harmonische, menschliche Umwelt" wünschte, wissen wir nicht. Der Mann wollte, wie in einer DDR-Zeitung aus dem Jahre 1976 nachzulesen ist, daß diese Formulierung ins Programm der Sozialistischen Einheitspartei Deutschlands aufgenommen werden sollte, das auf dem IX. Parteitag beschlossen wurde. In der Direktive zur Entwicklung der DDR-Wirtschaft, verabschiedet vom selben SED-Parteitag, heißt es ganz allgemein, daß „planmäßig Maßnahmen für die Reinhaltung der Gewässer, die Nutzung und den Schutz des Bodens, für die Reinhaltung der Luft, die Minderung des Lärms sowie die Beseitigung und Verwendung von Siedlungsmüll und industriellen Abprodukten durchzuführen" seien.
Ein umfangreiches Gesetzeswerk, das Landeskulturgesetz der DDR von 1970 mit seinen nachfolgend erlassenen Durchführungsbestimmungen, wurde etwa gleichzeitig mit dem Umweltprogramm der Bundesregierung vorgelegt. Seit November 1971 existiert in der DDR ein Ministerium für Umweltschutz und Wasserwirtschaft. Dennoch gewinnt der Betrachter vielerorts den Eindruck, als habe man in der Praxis noch nie davon gehört, wie bedrohlich die Umweltverschmutzung für Gegenwart und Zukunft unseres Planeten ist. Die DDR hat – wie die anderen kommunistisch regierten Staaten auch – jahrelang mit als marxistisch bezeichneten Behauptungen gelebt wie dieser: Sie habe, so hieß es in der Zeitschrift „Stadt und Gemeinde", „die historische Initiative bei der Gestaltung der natürlichen Umwelt im Interesse des gesellschaftlichen Fortschritts übernommen" und kämpfe „gegen den Raubbau an der Natur durch die Monopolverbände der kapitalistischen Länder".
Theoretisch betrachtet, könnte es ein Plus der zentral geleiteten weitestgehend verstaatlichten Wirtschaft sein, den Umweltschutz sinnvoll und langfristig planen und durchführen zu können. Da es kein Privateigentum an Produktionsmitteln und folglich kein privates Profitdenken gibt, müßte es den Staatslenkern möglich sein, Produktionserfolge hinter das Streben nach einer menschlichen Umwelt zurückzustellen. Aber mit den gelegentlich in der satirischen Zeitschrift „Eulenspiegel" erscheinenden Karikaturen von Betriebsdirektoren, die zufrieden grinsen und auf den Gewinn verweisen, obwohl aus dem Werk rotgelbe Brühe in die umliegenden Bäche fließt, wird der Zeigefinger nicht gegen den Westen erhoben: es sind die eigenen Vorsteher von Volkseigenen Betrieben gemeint. Und sie kommen mit einem blauen Auge davon! Denn bis heute gibt es für die DDR-Führung Wichtigeres als die saubere Umwelt. Sie ist – scheinbar ganz im Banne des von ihr verdammten Kapitalismus – auf ständiges Wirtschaftswachstum orientiert. Mehr zu produzieren und zu konsumieren, das ist für die SED der Beweis für tatsächliche oder scheinbare Erfolge.
In den Anfangsjahren der DDR ging es darum, die Schäden des Krieges zu beseitigen, Industrie aufzubauen. Und noch heute gewinnt der Außenstehende leicht den

Die durch Industrieabwässer verschmutzte Triebisch in Meißen
Folgende Seiten: Landschaftsidyll bei Coswig. Die verschmutzten Seitenflüsse, hier ein Seitenarm der Mulde, zerstören die Ökologie

Eindruck, daß der sozialistische Mensch der Wirtschaft dient, nicht sie ihm. Allerdings wurden gegen Ende der sechziger Jahre Untersuchungen größeren Umfangs über die Auswirkungen der Umweltverschmutzung vorgenommen. So liegen Berechnungen vor, daß die Lebenserwartung der Menschen in den industriellen Ballungsgebieten um etwa vier Jahre steigen würde, gelänge es, die Luftverschmutzung auf die Hälfte zu reduzieren. Die Krebserkrankungen der Atemwege könnten dann um ein Viertel, die Herz- und Kreislauferkrankungen zwischen zehn und fünfzehn Prozent abnehmen. Gründe gab es auch beim Landschafts- oder Lärmschutz genug, ein umfassendes Gesetz vorzulegen.

Am dringendsten jedoch bedarf die Wasserwirtschaft gesetzgeberischer Hilfestellung. Verursacht vor allem durch natürliche Umstände, hat die DDR unter den Industrieländern einen der angespanntesten Wasserhaushalte. Das jährlich verfügbare Angebot je Einwohner liegt bei 850 Kubikmetern, verglichen mit etwa 1200 Kubikmetern in den Nachbarländern. Achtzig Prozent des verfügbaren Wassers braucht bereits die Industrie. Gegenwärtig muß deshalb das Flußwasser bis zu fünfmal geklärt und wieder benutzt werden. Luftverschmutzung und landwirtschaftliche Düngung sorgen zusätzlich für schlechte Qualität des Oberflächen- und sogar des Grundwassers. Das alles hat Folgen, die die Menschen in der DDR ganz unmittelbar betreffen. Es gibt Landstriche in der DDR, da kochen die Leute ihren kostbaren Bohnenkaffee lieber mit Selterswasser als mit Trinkwasser. Glücklicher dran sind diejenigen, die nur zu warten brauchen, bis sich die Stoffe gesetzt haben, die das Trinkwasser trüben. Einige Haushalte, in Gebieten mit angespannter Wasserversorgung auf dem Hügel gelegen, können die Waschmaschine nur nachts benutzen, wenn der Wasserdruck ausreichend ist.

Alles das ist natürlich den Planern bekannt. Und im Gegensatz zu anderen Umweltverschmutzern müssen in der DDR diejenigen, die Wasser mehr als durch vorgegebene Grenzwerte zulässig verunreinigen, mit empfindlichen Strafen rechnen. Auskünfte aus Hamburg besagen daher, daß der Salzgehalt der Elbe rückläufig ist. Von der Weser kann das allerdings nicht gesagt werden. Die Abwässer aus den thüringischen Kaligebieten kommen mit der Werra in so großen Mengen in die Weser, daß man im Bremer Raum schon überlegt haben soll, ob man Meeresfische in dem Fluß ansiedeln könnte. Das Problem der salzhaltigen Weser ist freilich älter als die DDR. Schon 1913 wurde eine Kali-Abwässer-Kommission gebildet, die sich um Lösungen bemühte.

Die DDR-Behörden sind hinsichtlich der von ihnen vorgelegten Grenzwerte offensichtlich großzügig, wenn die Verschmutzungen das eigene Territorium weitgehend verschonen und erst außerhalb des Landes wirksam werden. So ist es bei der Weser. Und so ist es auch mit der Ammoniakfracht der Elbe. Ammoniak zehrt am Sauerstoffgehalt des Flußwassers. Doch der Prozeß geht so allmählich vor sich, daß die Auswirkungen erst in der Bundesrepublik zu spüren sind. Auch im Hamburger Raum gelangt ammoniakhaltiges Abwasser in die Elbe. Nach Auskunft der Arbeitsgemeinschaft zur Reinerhaltung der Elbe, die von den zuständigen Behörden der drei bundesdeutschen Anrainerländer des Flusses – Niedersachsen, Hamburg und Schleswig-Holstein – ins Leben gerufen

wurde, um den Wasserschutz besser zu koordinieren, ist in Hamburg jetzt eine Anlage zur Ammoniakaufbereitung vorgesehen.

Damit wird ein wesentlicher Punkt beim gesamten Umweltschutz berührt. Neben finanziellen und politisch-moralischen Aspekten spielt nämlich die Entwicklung neuer Technologien zur Abfallbeseitigung eine entscheidende Rolle. In der DDR wird von seiten des Ministeriums gegenwärtig noch manches Auge zugedrückt, weil die Entwicklung neuer Verfahren gegen die Wasser- oder Luftverschmutzung für manche Betriebe zeitraubender und kostspieliger würde als mit ihrer Produktion vereinbar wäre.

Dennoch: es gibt Fortschritte. Die DDR hat immerhin den Elbe-Biber vor dem Aussterben gerettet. Denn in einer Chemie-Gischt, wie sie Volker Braun warnend beschrieben hat, kann das Tier bestimmt nicht leben. Unter Naturschutz gestellt, schwimmen und nagen aber heute an der mittleren Elbe siebenhundert Biber – mehr, als zu irgendeiner Zeit in den letzten zwei Jahrhunderten gezählt worden sind.

Hannelore Kleinschmid

Die Saalemündung bei Barby
Rechts: In den Elbauen bei Dessau

Sachsen und Anhalt

Der Name „Sachsen" hat sich im Laufe der Geschichte nicht nur gewandelt, sondern er ist auch gewandert. Vor rund tausend Jahren reichte das Gebiet des germanischen Stammes der Sachsen vom Rhein bei Duisburg bis zur Elbe bei Magdeburg und bildete den Grundstock, das Herzstück für die Macht der ottonischen Kaiser. Heute haftet er in der Bundesrepublik lediglich an dem Bundesland Niedersachsen, das nach dem Krieg aus der preußischen Provinz Hannover und den Ländern Oldenburg, Braunschweig und Schaumburg-Lippe gebildet wurde. In der DDR ist er als politischer Begriff ganz verschwunden, weil die alten Länder aufgelöst und durch Verwaltungsbezirke ersetzt wurden; aber er ist immer noch gegenwärtig als Name für das frühere Land Sachsen, den südöstlichen Teil der DDR am Oberlauf der Elbe, und für die Gebiete um die mittlere Elbe, die frühere Provinz Sachsen. In Wandel und Wanderung des Namens hat sich ein für die deutsche Geschichte kennzeichnendes Schicksal niedergeschlagen: ein Land des Übergangs, einer Mittlerstellung zwischen Ost und West zu sein im Spannungsfeld von zentralen und partikularen Kräften.

Will man diesen Weg verfolgen, so muß man einen Blick auf die oft verwirrende Abfolge von Herrschern und Herrschergeschlechtern, die Teilungen und Vereinigungen von Ländern werfen, die die deutsche Geschichte mitbestimmt haben. Die Herrschaft Heinrichs des Löwen im 12. Jahrhundert deckte sich noch in etwa mit dem alten sächsischen Stammland zwischen Rhein, Elbe, Holstein und Harz. Doch als er als Rebell gegen Kaiser Friedrich Barbarossa im Jahre 1180 gestürzt wurde, blieb die Bezeichnung Sachsen lediglich an den Gebieten im Nordosten haften. Von dort wurde sie durch Vererbungen und Teilungen weiter elbaufwärts in das Gebiet um Wittenberg getragen. Als die dort sitzende Herrscher-Linie, die auch die Kurwürde besessen hatte, ausstirbt, wanderte der Name Sachsen mit der Kurwürde weiter zu den bisherigen Markgrafen von Meißen.

Der Wasserturm von Aken

So kam das Land um Meißen und Dresden zu dem Namen Sachsen. Wenn man später von dem Gebiet um Lüneburg und Braunschweig als „Niedersachsen" gesprochen hat, so hob man ihn bewußt von „Obersachsen" ab, dem Raum des Staates Sachsen mit der Hauptstadt Dresden und der Wirtschaftsmetropole Leipzig.

Das Land dazwischen am Mittellauf der Elbe bildete zu Beginn des 19. Jahrhunderts ein Gewirr von 32 größeren und zahlreichen kleineren Herrschaften, auch darin typisch für die deutsche Geschichte. Erst als im Zuge der Neuordnung und Ausbalancierung Europas nach den napoleonischen Erschütterungen beim Wiener Kongreß 1815 der größte Teil dieser Gebiete zur preußischen Provinz Sachsen zusammengefügt wird, gewinnt er eine geschlossene staatliche Existenz. In dem Namen Sachsen, der nun die ehemals kursächsischen Gebiete mit dem Herzogtum Magdeburg sowie Halberstadt, dem brandenburgischen Kernland, der Altmark, sowie der Umgebung von Erfurt und den bisherigen Reichsstädten Nordhausen und Mühlhausen zusammenfaßt, kann man einen Rückgriff auf die alte ottonische Prägung dieses Raumes aus dem 10. Jahrhundert noch erkennen.

Zugleich ist aber damals mit der Gründung der Provinz Sachsen hier in Mitteldeutschland eine Lösung der politischen Einheit Deutschlands im kleinen gleichsam vorweggenommen und erprobt worden.

Ein Standbild Leopolds von Anhalt-Dessau

Nicht ohne Recht konnte damals der sonst so wortkarge Preußenkönig Friedrich Wilhelm III. bei der Proklamation an seine neuen Staatsbürger sagen: „Nur Deutschland hat gewonnen, was Preußen erworben." Nach dem Zusammenbruch 1945 wird der größte Teil der Provinz Sachsen mit dem Land Anhalt zuerst zu einer Provinz und dann einem Land „Sachsen-Anhalt" zusammengefaßt. Aber die 1952 vollzogene Auflösung aller Länder in der DDR löschte auch die Existenz von Sachsen-Anhalt aus. An ihre Stelle traten nach Städten benannte Bezirke. Die Bezirke Halle und Magdeburg sind dabei weitgehend mit der Provinz Sachsen und Anhalt identisch.

Nicht weniger Zeugnis der vielschichtigen Geschichte dieses Raumes ist die Wandlung des Namens Anhalt. Auch er entsteht in der Zeit der ottonischen Kaiser, als der Raum an der mittleren Elbe für das Reich zentrale Bedeutung gewann. Aber im späteren Mittelalter und in den folgenden Jahrhunderten zersplittert sich Anhalt in mehrere Linien; es gibt zum Beispiel Fürsten von Anhalt-Dessau, Anhalt-Zerbst, Anhalt-Köthen, Anhalt-Bernburg. Erst 1863 wird Anhalt wieder zusammengefügt. Auch nach 1918 besteht der Freistaat Anhalt weiter und wird erst nach 1945 Teil des kurzlebigen Landes Sachsen-Anhalt.

Die Entwicklung dieses Raumes läßt sich aber nur begreifen, wenn man neben der politischen auch die Wirtschaftsgeschichte betrachtet. Dreht man auch hier das Rad der Geschichte um tausend Jahre zurück, so erkennt man, daß der Raum von Magdeburg und Halle auch aus wirtschaftlichen Gründen zum Schwerpunkt der ottonischen Macht wurde. Sie beruhte nicht zuletzt auf den überdurchschnittlichen Ernteerträgen in der fruchtbaren Magdeburger Börde, dem Saalekreis und der Goldenen Aue am Südharz. Dazu kam noch der Abbau von Kupfer am Harzrand, von Silber dort und im Oberharz, und die für damalige Zeiten sehr wichtige Salzgewinnung in Halle.

Mit dem 18. Jahrhundert setzt in diesem Raum die Industrialisierung ein. Mit der Bildung der Provinz Sachsen wird er zu einem Brennpunkt wirtschaftlicher Interessen, weil sich in ihm bemerkenswert moderne Produktionen entwickeln. Dabei geht die Industrialisierung direkt oder indirekt von der Landwirtschaft aus. Doch eröffnen sich zugleich bemerkenswerte Wechselbeziehungen zwischen der Intensivierung der Landwirtschaft und der Gewinnung von Braunkohle und Kali. Denn die Kalisalze gaben die Grundlage für die künstliche Düngung, die die Erträge steigerte; sie nahm in Deutschland von hier ihren Ausgang. Die Braunkohle gab die Möglichkeit, den Energiebedarf der Fabriken zu befriedigen. Zwischen 1815 und 1865 wird deshalb die Provinz Sachsen d a s Anbaugebiet der Zuckerrübe und – daran anschließend – der Hauptstandort der Zukkerfabriken. Sie trägt wesentlich dazu bei, daß der Zucker vom reinen Genußmittel zum Nahrungsmittel für den Normalverbraucher wird. Das ist erst möglich, als der Rübenzucker den Rohrzucker vom europäischen Markt vertreibt. Auch heute ist der Bezirk Magdeburg ein wichtiger Produzent von Nahrungsmitteln in der DDR. Von dort kommt rund ein Viertel der DDR-Produktion von Zucker und Obst- und Gemüsekonserven; auf ihn entfallen über 27 Prozent der Zückerrübenerzeugung.

Vor allem aber ist die Braunkohle die Basis für den imposanten Aufbau der chemischen Industrie geworden. Mit dem Beginn unseres Jahrhunderts überschreitet sie die Schwelle zur Großindustrie und beginnt

Das Breitestraßen-Tor in Zerbst

den sächsischen und anhaltischen Raum zu prägen. Werke wie Leuna bei Merseburg, Bitterfeld, Agfa-Wolfen tragen dazu bei, daß die deutsche chemische Industrie bald ihre ausländischen Konkurrenten überholt. Der Krieg fördert diese Entwicklung noch, und in der DDR ist sie weiter verstärkt und intensiviert worden. Die chemischen Werke im Raume von Sachsen und Anhalt sind die Grundlage dafür, daß die chemische Industrie der DDR heute im Ostblock den zweiten Platz hinter der Sowjetunion belegt – wegen ihres hohen Niveaus freilich für den Bereich des Comecon, der östlichen Wirtschaftsgemeinschaft, die entscheidende Bedeutung besitzt – und in der Welt den siebten Platz einnimmt. Dabei ist die Braunkohle darüber hinaus für die Energie der DDR insgesamt unverzichtbar. Noch immer liefert sie siebzig Prozent der Gesamtenergie, und erst 1980 hofft man, den Anteil dieser leicht zu gewinnenden, aber umweltschädigenden und nicht sehr effektiven Energieerzeugung reduzieren zu können.

Mit alledem hat sich die Entwicklung im Raum von Sachsen und Anhalt deutlich sowohl von den norddeutschen wie den oberdeutschen Bereichen unterschieden: als ein Land der Mitte, das die ihm eigentümliche Einheit gerade dadurch gewann, daß es in starker Wechselbeziehung nach West und Ost und natürlich auch nach Nord und Süd stand. Nichts erscheint dafür kennzeichnender als der Umstand, daß dort vor 1945 der aus dem deutschen Westen Kommende erste Eindrücke vom deutschen Osten zu erhalten meinte, wie umgekehrt ein Ostdeutscher hier den ersten Hauch des westlichen Deutschlands verspürte. Hat die Teilung das verändert? Wenn Deutschland, dessen eigenständige Geschichte vor einem Jahrtausend aus diesem Raum einen der wesentlichen Anstöße bekam, noch eine einheitliche Nation ist, dann ist es das dank dieser seiner Mitte, durch, aber nie ohne diese Mitte.

Albrecht Timm

Je stärker der Sozialismus-
desto sicherer der Frieden!

Magdeburg

In seiner letzten öffentlichen Rede vor seiner Beurlaubung von seinem Amt und seiner späteren Verhaftung im Jahre 1933 warnte der damalige Oberbürgermeister von Magdeburg seine Mitbürger: „Dieses Regime, das aufzieht, bedeutet Krieg, das ist der Sinn dieses Regimes. Wir werden den Osten verlieren ... Deutschland muß die Grenzen seiner Leistungsfähigkeit erkennen und muß sich eingliedern in den Chor aller europäischen Völker; nur dann kann es selber leben, nur dann können auch die europäischen Völker leben." Der Mann, der diese Mahnungen aussprach, hieß Ernst Reuter. Zwei Jahrzehnte später wurde er als Regierender Bürgermeister von Berlin, als „der Mann mit der Baskenmütze", eine Gestalt von nationalem Rang und internationaler Bekanntheit. In Magdeburg erwarb er sich in den dreißiger Jahren seine kommunalpolitischen Meriten.

Reuter behielt mit seiner Warnung recht. Der Osten ging verloren. Deutschland wurde geteilt. Magdeburg ist vom Westen aus nicht mehr einfach mit einer sonntäglichen Ausflugs- oder Kaffee-Fahrt zu erreichen. Denn die Enkel des in Magdeburg 1730 geborenen späteren Generals des amerikanischen Bundesheeres, Friedrich Wilhelm von Steuben, die Soldaten der VI. Amerikanischen Armee, überließen im Sommer 1945 auch Magdeburg den sowjetischen Alliierten. Fortan wurden hier Demokratie nach stalinistischem Muster und Teilung nach kommunistischer Vorstellung praktiziert. Dazu kam das schwere Erbe, das der Luftkrieg den Magdeburgern hinterlassen hat. Am 16. Januar 1945 hatte ein Angriff von achthundert Flugzeugen die Stadt innerhalb einer Stunde in Trümmer gelegt. Die Statistik registrierte 16 000 Tote, 11 000 Verletzte, 190 000 Obdachlose; von knapp über 100 000 Wohnungen wurden 41 000 zerstört, 9000 schwer, 25 000 leicht beschädigt. Über 300 Jahre, nachdem die Stadt in der „Feuerhochzeit" Tillys, des Feldherren der katholischen Liga, im Dreißigjährigen Krieg niedergebrannt worden war, hatte Magdeburg abermals ein glühendbrennendes Schicksal erfahren. Die Stadt erstarrte zu einem verwüsteten Torso.

Beim zaghaft einsetzenden Wiederaufbau des „neuen sozialistischen Magdeburg" wurde das Beispiel Moskaus nachgeahmt: der überladene Zuckerbäckerstil dominierte, ähnlich wie in Ost-Berlin, durch seine schematische Häßlichkeit. Heutzutage wird dieser „DDR-Jugendstil" von Wohnungsindividualisten bereits als heißer Tip bevorzugt. Denn hohe Fenster und Räume sowie riesige Quadratmeterflächen sind angesichts der jetzt üblichen noch sterileren Baunormen die Ausnahme von der Regel. Aber auch für Magdeburg gilt das Beispiel anderer wiederaufgebauter Städte in der DDR. Anders als in Warschau oder Danzig wurde nicht liebevoll restauriert, sondern von den Stadtplanern „politisch" argumentiert: die ungesunde, licht- und luftleere Enge vorhandener Altstädte habe der großzügigen Planung einer „humanistischen Gesellschaftsordnung" Platz zu machen.

So nimmt sich Magdeburg heute genauso aus wie die meisten DDR-Städte. Es gibt die Magistrale, den politischen Prozessionsweg oder die sich kreuzenden Verkehrsachsen, mit einem zentralen Platz, einem Hochhaus oder dem Warenhaus-Zentrum als Mittelpunkt. Gewiß, sie ist breiter als einst geworden, die heutige Karl-Marx-Straße, Nachfolger des ehedem von Nord nach Süd verlaufenden „Breiten Weges", doch selbst angesichts blühender Blumenrabatten, wasserspeiender Brunnen und ausschließlich Fußgängern vorbehaltener Zonen wäre sie mit ihren vom Lineal gezogenen Wohn- und Geschäftssilos beliebig austauschbar mit den Straßen in Frankfurt oder Halle.

Freilich war Magdeburg auch vorher nie mit dem kunsthistorischen Glanz Dresdens, der höfisch-provinziellen Aufgeschlossenheit Weimars, der kecken Vitalität Leipzigs oder der sauberen Kühle Rostocks zu vergleichen. Lage, Geschichte und Entwicklung formten „Magadoburg", das 805 n. Chr. als Sitz eines Grenzgrafen erstmals erwähnt wird, anders.

Alte Heerwege treffen sich hier, die mittlere Elbe erreicht hier ihren westlichsten Punkt. Otto der Große baut die Stadt zur Metropole seiner Ostkolonisation aus. Das Erz-

Hauptportal des Magdeburger Doms

bistum Magdeburg entsteht, der Bau eines Doms wird von Otto I. angeregt. Im 12. Jahrhundert registriert man eine erste „große Zeit" Magdeburgs, die Christianisierung macht Fortschritte, das „Magdeburger Recht", eines der bedeutendsten der im Mittelalter entstandenen Stadtrechte, ist Beispiel für andere neugegründete Städte bis hin nach Rußland. Als erste große norddeutsche Stadt schließt sich Magdeburg vorbehaltlos der Reformation an. Martin Luther predigt wiederholt in St. Augustin, sein Denkmal steht heute noch vor der Johanniskirche. In die Reichsacht erklärt, hält man der anschließenden Belagerung

Links: Am Marktplatz in Coswig
Folgende Seiten: Die neue Elbpromenade und die Silhouette zwischen Dom und Lukasturm in Magdeburg

ERICH WEINERT
DDR-MAGDEBURG DDR

durch Moritz von Sachsen stand, geht später mit dem Kaiser einen Kompromiß ein, der allerdings die freie Religionsausübung garantiert. Tillys Sieg 1631 besteht in einem „Aschenhaufen."
Otto von Guericke macht sich an den Wiederaufbau, will die mittelalterliche Enge des Stadtkerns durch Nord-Süd- und Ost-West-Durchbrüche sprengen; eine Konzeption, auf die sich die heutigen SED-Planer bei ihren Bemühungen zur Verbesserung der verkehrstechnischen Infrastruktur berufen. Die seinerzeit zugesicherte Glaubensfreiheit schuf die Voraussetzung für die Zuwanderung von Handwerkern, Kaufleuten, Textilarbeitern. Die Großstadtfunktion kündigt sich mit Beginn des vorigen Jahrhunderts an, als mit dem Zustrom von Arbeitern und der Errichtung von Großbetrieben die Industrialisierung beginnt.

Also, kein Barockschloß oder Lustgarten, kein Theater, das als ausgesprochenes Sprungbrett galt und gilt, statt Feinsinnigkeit im Verhalten der Bevölkerung Fleiß, statt Leichtigkeit Schwere, dem Ackerboden der umgebenden Magdeburger Börde ähnlich, Zähigkeit auch, doch wenig von dem aufwendigeren, Lebenssüße genießenden Stil süddeutscher Großstädte. Geformt vornehmlich vom nüchternen Protestantismus, einem Puritanismus, der heute beispielsweise in Teilen des fernen Amerika zur selbstverständlichen Lebensphilosophie gehört. Hinzu kam und kommt der durch vielerlei kommerzielle Varianten ausgeformte Sinn fürs Geschäftliche. Magdeburg ist Industriestadt, Mannheim nicht unähnlich. In den Vororten wie Buckau und Salbke glaubt man das Dröhnen der Schmiedehämmer zu hören, dominiert die

Merians Stadtansicht von Magdeburg aus dem 17. Jahrhundert
Rechts: Industrie am Magdeburger Hafen

Welt der Gießereien und Drehbänke. Der Elbhafen ist nach wie vor ein wichtiger Güterumschlags-Platz. Was früher Buckauer Maschinenfabrik, Schwermaschinenwerk Gruson oder Mackensen-Transportanlagen hieß, heißt heute Schwermaschinenbaukombinat Ernst Thälmann und Karl Liebknecht. Im Rechenzentrum der TH „Otto von Guericke" werten die Elektronengehirne Prüfungsarbeiten der Studenten aus, erledigen Lohnabrechnungen, spucken für Wirtschaftsunternehmen die besten Lösungen aus.

In der Freizeit kann man sich in den Erholungszentren des Barleber oder des Salbker Sees tummeln, auf den Fahrgastschiffen der weißen Flotte schaukeln, zu Jazz- oder „original Tiroler Abenden" in den Kulturpark auf dem Inselgelände am roten Horn gehen. In der Elbeschwimmhalle trainieren olympiaverdächtige DDR-Schwimmer, im Ernst-Grubbe-Stadion spielt beim FC Magdeburg unter anderem ein Fußballspieler, der auch in der Bundesrepublik bekannt ist: Jürgen Sparwasser, der bei der Fußballweltmeisterschaft 1974 das legendär gewordene einzige Tor im Spiel der DDR gegen das spätere Weltmeisterteam der Bundesrepublik schoß.

Keine Stadt zum Verlieben. Ärmer an Sehenswürdigkeiten als vergleichbare Städte in der gegenwärtigen Größenordnung von 280000 Einwohnern. Geblieben, oder mühselig zusammengeflickt, der Magdeburger Reiter auf dem Marktplatz, das wiedererstandene Rathaus mit seiner barocken Westfassade, das Denkmal Otto von Guerickes, des Bürgermeisters aus dem Dreißigjährigen Krieg, der bekannt wurde durch seinen berühmten Versuch mit den Magdeburger Halbkugeln, der die Kraft des Luftdruckes demonstrierte: aufeinandergelegt und luftleer gepumpt, sind sie selbst von 16 Pferden nicht auseinanderzuziehen.

Magdeburgs ältestes Denkmal ist das romanische Kloster Unser Lieben Frauen. Sorgfältig restauriert läßt sich die ganze Schönheit dieses mittelalterlichen Baus heute wieder besichtigen, unbekannte Tonnengewölbe wurden freigelegt. Indessen, in welcher Gegend Magdeburgs man sich auch immer befindet: unvermutet wird man mit einem Male die Domtürme erblicken, die sich mächtig zwischen Dächern hervorschieben. Am schönsten ist der Anblick aus unmittelbarer Nähe mit dem mächtigen Portal an der Westfront, das an Meisterwerke französischer Kathedralen erinnert. Die Kunstschätze des Doms, des ersten großen gotischen Kirchenbaus auf deutschem Boden, wertvolle Plastiken von Peter Vischer aus Nürnberg, bronzene Grabplatten des Erzbischofs Wichmann sowie die nach biblischem Gleichnis modellierten Säulenfiguren der zehn klugen und törichten Jungfrauen, haben wieder ihre angestammten Plätze eingenommen; sie blieben im wesentlichen vom Krieg verschont. Millionen Mark mußten hingegen für die Herstellung des im Kriege teilweise zerstörten Gotteshauses verwendet werden. Der Dom, Zeugnis menschlicher Geduld und Beharrungsvermögens, hat alle seine Bauherren überlebt, die ihn zuerst in romanischem, später in gotischem Stil projektieren ließen – und wie stets bei Zeugnissen architektonischer Beharrlichkeit wird auch heute noch restauriert.

Ernst Barlachs Mahnung, die im Dom aufgestellte Holzplastik für die Toten des Ersten Weltkrieges, hat, ähnlich wie die Mahnung Reuters, nicht gefruchtet. Die Nationalsozialisten entfernten dieses Denkmal wegen seines kriegsfeindlichen Inhalts. Es blieb zum Glück erhalten und kam 1956 auf seinen alten Platz. Barlach nannte dieses Werk sein „Verantwortungsvollstes". Aber mittlerweile haben Dom und Magdeburg ihren Platz als „Stadt der Mitte" verloren. Von der Mitte geriet es sozusagen an den Rand der sozialistischen Welt.

Wolfgang Nette

Das rare Gut Landschaft

Wer könnte, was wegen der deutschen Teilung kaum einer kann, nämlich die ganze Elbe in einem Zuge abfahren, dem würde vieles auffallen, was diese Teilung an der Nahtstelle von West und Ost widerspiegelt, aber ebenso vieles, was ihr trotzt und von ihr nichts spüren läßt. Dazu gehört, so mag mancher annehmen, vor allem die Landschaft selbst. Denn auf sie können doch politische Umstände keinen Einfluß haben. Aber gerade das ist offenbar eine Täuschung. Es ist im Gegenteil das Bild der Landschaft, das unter allen Eindrücken mit am stärksten ins Bewußtsein ruft, ob man sich „hüben" oder „drüben", im Westen oder Osten befindet.
Da fällt auf, daß sich zum Beispiel im Elbsandsteingebirge die Umrisse der Ferienlandschaft von vor dreißig, vierzig Jahren erhalten haben – keine neuen Hotels, die Ortschaften eine Handvoll Häuser, die noch nirgendwo ins Flußtal ausgelaufen oder die Uferhänge emporgeklommen ist. Auch sonst fehlen den Städten meist die Jahresringe der Neubauten, und überall finden sich noch Uferpartien von idyllischvergessener Unberührtheit und Dörfer, die fast verwunschen in das Grün von Uferwiesen und Wald eingewachsen sind. Zwar drängt sich auch in der DDR die Industrie an die Elbe, im Vorfeld von Dresden etwa, in Riesa, wo das Stahlwerk auf der einen Seite und das Chemiewerk von Nünchritz auf der anderen Seite am Fluß stehen, und erst recht in Magdeburg, dem

Zentrum des Schwermaschinenbaus. Aber von dem wuchernden Industrie- und Häuserbrei, mit dem Hamburg die Elbufer überzieht, oder den Industriebauten im Bereich der Unterelbe trennen die DDR noch Welten.
Geht man in der DDR pfleglicher mit Natur und Landschaft um als in der Bundesrepublik? Seitdem in allen Industrieländern die Einsicht gewachsen ist, daß Natur und Landschaft rare Güter sind, ist auch die Erkenntnis gereift, daß es zu ihrer Erhaltung bewußter, geplanter Anstrengungen bedarf. Doch grundsätzlich unterscheidet sich dabei die Situation in der DDR nicht von der in der Bundesrepublik. Allenfalls könnte man den Eindruck gewinnen, die DDR sei sich zeitiger über die Wichtigkeit dieser Aufgabe klar geworden. Sie hat bereits 1970 ein „Gesetz über die planmäßige Gestaltung der sozialistischen Landeskultur" verabschiedet, kurz Landeskulturgesetz genannt, das das Natur- und Landschaftsschutzrecht neu ordnet und mit dem Umweltschutz verbindet. In der Bundesrepublik, in der der Natur- und Landschaftsschutz von den Ländern wahrgenommen wird, sind vergleichbare Gesetze in den Jahren zwischen 1973 und 1975 in Rheinland-Pfalz, Schleswig-Holstein, Hessen, Bayern, Nordrhein-Westfalen und Baden-Württemberg erlassen worden. Im Jahre 1976 beschloß der Bundestag dann ein Rahmengesetz für Naturschutz und Landespflege.
In der Sache ähneln sich – von Details

Elbauen bei Arneburg
Folgende Seiten: Silhouette von Burg und Straße nach Tangermünde

abgesehen – die Bestimmungen. In der DDR wie in der Bundesrepublik werden als Naturschutzgebiete und Naturdenkmäler meist kleinere Bereiche geschützt, die besonders seltene und unersetzbare Naturformen, Pflanzen oder Tiere aufweisen; bei ihnen gelten besonders strenge Vorschriften. In der DDR gibt es rund siebenhundert solche Gebiete; an der Elbe gehören dazu unter anderem Teile der Sächsischen Schweiz, darunter die Gegend um den bekannten Aussichtspunkt der Bastei, und etliche Gebiete im Flußauenbereich an der mittleren Elbe. In der Bundesrepublik sind rund 1200 Naturschutzgebiete registriert. Weniger streng geschützt sind die Landschaftsschutzgebiete. Bei ihnen soll vor allem der Landschaftscharakter und sein Erholungswert bewahrt werden. Davon gibt es in der DDR mehrere hundert, insgesamt rund 18 Prozent ihrer Gesamtfläche; dazu gehören zum Beispiel nahezu die gesamte Sächsische Schweiz und mehrere Uferlandschaften der Elbe. In der Bundesrepublik schätzt man – freilich sehr über den Daumen – etwa 5000 Landschaftsschutzgebiete, die rund ein Viertel der Fläche des Bundesgebietes ausmachen sollen. Anders als in der DDR, in der Maßstäbe und Bewertungskriterien zentral verordnet sind, schwanken sie hier oft zwischen den Ländern.

Aber Zahlen und Gesetzesbestimmungen sagen wenig genug. Entscheidend ist, daß der Natur- und Landschaftsschutz auch in der DDR in der Konkurrenz mit den Bedürfnissen der Industrie und des Wohnungsbaus steht. Die monotonen Wohnsilos, die sich in den letzten Jahren am Rande der Städte ins Land geschoben haben, machen ebenso wie manche Industrieanlage deutlich, daß diese ihre Interessen nicht weniger nachdrücklich zur Geltung bringen, als das in der Bundesrepublik der Fall ist. Das wird in der DDR gelegentlich noch unverblümter zum Ausdruck gebracht als hierzulande, wo die Öffentlichkeit sich kein Blatt vor den Mund zu nehmen braucht. Da auf die Industrie nicht verzichtet werden könne, so hat der Vorsitzende des Rates des Bezirkes Dresden vor Natur- und Landschaftsschützern erklärt, seien „alle anderen Diskussionen . . . sinnlos und politisch sowie volkswirtschaftlich verantwortungslos". Auch in der DDR ist es mithin das Schicksal des Natur- und Landschaftsschutzes, sich gegen den Zug der Zeit stemmen zu müssen und ihn allenfalls bremsen zu können.

Nur ist dieser Zug der Zeit in der DDR eben bei weitem weniger stark. Das ist der eigentliche Unterschied, der sich im Landschaftsbild hüben und drüben niedergeschlagen hat. Die landschafts- und naturzerstörenden Kräfte sind in der DDR schwächer geblieben, weil auch die wirtschaftliche Entwicklung sehr viel gehemmter verlief. Die Erhaltung des Landschaftsbildes so, wie es die Älteren noch aus ihren Jugendjahren kennen, ist in erster Linie nicht Folge von Gesetzen, sondern des Zurückbleibens in Produktivität und Lebensstandard. Das hat in der DDR bislang ausbleiben lassen, was in der Bundesrepublik die Landschaft verändert: die Streusaat der Siedlungen um Städte und Dörfer, die Ballungsgebiete mit ihren Hochhausgebirgen und Zubringerstraßen in den Zentren von Wirtschaft und Industrie, die Autobahnen und die Fernverkehrsstraßen. Stattdessen besitzen Städte und Dörfer noch ihre alten Umrisse, folgen die Straßen baumbestanden den kurvenreichen Spuren der alten Straßenzüge und sind erst zögernde Ansätze zur Bildung von Ballungsgebieten erkennbar. Aber das hat seinen Preis: das Wohnungsproblem, dessen Lösung erst für die achtziger Jahre avisiert ist, schlechtere Verkehrsverbindungen, auch die Schlangen gehören dazu, die sich mittags in den Erholungsgebieten vor den Gaststätten bilden, weil es nicht genügend Plätze gibt.

Daß in den letzten Jahren in der DDR zunehmend über Landschafts- und Naturschutz diskutiert worden ist, mag auch damit zusammenhängen, daß dieses Thema zu einem Streitpunkt in allen Industriestaaten geworden ist. Aber darin schlägt sich auch die Besorgnis über das nieder, was auf die DDR zukommen könnte. Trotz des über weite Strecken fast noch altertümlichen Landschaftsbildes hat diese Zukunft für sie schon lange begonnen. „Grüne" wird es zwar in der DDR vermutlich nie geben, weil Staat und Partei spontane Meinungsäußerungen nicht laut werden lassen, schon gar nicht, wenn sie die Färbung des Protestes annehmen könnten. Aber eine weit verbreitete Sympathie mit der Notwendigkeit des Naturschutzes und der Landschaftserhaltung gibt es ganz offensichtlich.

Auf sie reagieren zum Beispiel die „Landschaftstage", Treffen von Natur- und Landschaftsschützern, die jeweils für eine bestimmte Gegend – den Thüringer Wald etwa, das Zittauer Gebirge oder die Sächsische Schweiz – abgehalten werden, die Erarbeitung von Landschaftspflegeplänen für Landschaftsschutzgebiete und die Aufmerksamkeit, die Problemen des Natur- und Landschaftsschutzes in Zeitungen und Zeitschriften zugewendet wird. Wie tief das reicht, wie effektiv solche Maßnahmen sind, ist schwer auszumachen; wahrscheinlich muß man eher skeptisch sein. Aber es wäre am Ende nicht die schlechteste Folge der Entwicklung in der DDR, wenn es ihr gelänge, jenen „fast bedenkenlosen Verbrauch der Landschaft" (Hans-Joachim Schulz) zu vermeiden, den wir in der Bundesrepublik Deutschland in den vergangenen zwanzig Jahren praktiziert haben.

Hermann Rudolph

In der Altmark

Wer von Wittenberge, der nördlichsten Stadt in der DDR an der Elbe, nach Süden in Richtung Magdeburg fährt, der sieht bald zwei Doppeltürme vor sich, die sich, sehr norddeutsch, aus der topfflachen Ebene aufrichten und die Stadtsilhouette beherrschen. Es sind der Dom und die Marienkirche von Stendal, dem Hauptort der Altmark, heute eine Kreisstadt im Bezirk Magdeburg. Vor dem Rathaus, das die Renaissance prägte, steht noch die große Rolandfigur, das Sinnbild der Gerichtsfreiheit. Die Stadttore, das Uenglinger und das Tangermünder Tor, wirken noch wuchtig wie im Mittelalter.

Die Altmark, die von der Magdeburger Börde im Süden bis beinahe in die Lüneburger Heide reicht, im Osten umspannt vom Elbbogen zwischen Tangermünde und Wittenberge, war immer etwas anderes als die übrige brandenburgische Kurmark, das historische Herzstück Preußens. In der Zeit der Hanse blickte man von hier mehr nach Norden als nach Osten. Die Hansestädte Stendal und Salzwedel, die sich gegenseitig Konkurrenz machten, bis Stendal den Sieg davontrug, hatten große wirtschaftliche Bedeutung im Nord-Süd-Handel. Doch die Geschichte geht hier viel weiter zurück; vor tausend Jahren hieß dieses Gebiet die Nordmark; von hier begann im 12. Jahrhundert die deutsche Besiedlung und Christianisierung des Ostens. Als sie um 1300 beendet war, wurde aus der Nordmark die Altmark.

Sie behielt ihren norddeutschen Charakter mit Backsteinbauten, großen Domen, mit einer niederdeutsch sprechenden Bevölkerung, die sich abhob vom „übrigen Preußen". Der preußische Ministerpräsident und erste Reichskanzler Bismarck, der aus dem altmärkischen Schönhausen stammt, war stolz, ein Altmärker zu sein. In seinen „Gedanken und Erinnerungen" hebt er den „ständisch-liberalen Geist" hervor, der unter dem Adel vorgeherrscht habe. Aber auch andere große Namen aus der preußischen Geschichte sind in der Altmark verwurzelt.

Doch die Altmark, dieser bodenständige Landstrich, hat auch ihre unerwarteten, fast etwas exotischen Aspekte. Einer davon ist der Umstand, daß ihr Hauptort als Schriftstellername des Franzosen Henri Beyle in die Weltliteratur eingegangen ist. Der Franzose, während der napoleonischen Erfolgsepoche kurzzeitig in Braunschweig in Diensten, wählte den Namen Stendhal freilich nicht aus Zuneigung zu der Kleinbürgerstadt. Er kam auf Stendhal, weil Stendal die Geburtsstadt Winckelmanns ist, der zum Begründer der modernen Wissenschaft von der Kunst wurde und mit seiner Bewunderung der griechischen Kunst, ihrer „edlen Einfalt und stillen Größe" dem Klassizismus den Weg wies. Eine andere Erinnerung, die zu dieser Gegend kaum zu passen scheint, hat Tangermünde, acht Kilometer von Stendal entfernt an der Elbe liegend, aufbewahrt.

Das Rathaus von Tangermünde

Steht man auf dem Hafendamm, so hat man vor sich die hohe, starke Stadtmauer mit Bastionen, Türmen und Ausfalltoren, dahinter erhebt sich die Burg mit Bergfried und Gefängnisturm, mit alter Kanzlei – die Kaiserpfalz Karls IV., der in Prag residierte und der im vergangenen Jahr durch Erinnerungsausstellungen in Nürnberg und Prag wieder ins Bewußtsein der Öffentlichkeit gerufen worden ist. Tangermünde sollte im 14. Jahrhundert die Schwesterstadt des goldenen Prag werden, der Kaiser wollte in Norddeutschland seine Herrschaftsposition ausweiten; am Ende seines Lebens hielt er hier Hof.

Von diesem kaiserlichen Glanz blieb nur der Vergleich Tangermündes mit Rothenburg ob der Tauber, seine Etikettierung als „norddeutsches Rothenburg", die Theodor Heuss „bei dieser Stromstadt der Ebene und des Ziegelbaus" für töricht und überflüssig hielt. Tangermünde, so schrieb er 1933, als er die Stadt besuchte, „hat dieses Etikett gar nicht nötig. Es ist in manchen Bauten schlechthin einzigartig". Aber das teilt die Stadt mit manchen anderen im Osten und Norden, die sich oft solche Vergleiche gefallen lassen müssen, obwohl sie doch ihre eigene Originalität besaßen und besitzen. Die Geschichte freilich widmete seitdem der Stadt keine übermäßige Aufmerksamkeit mehr. Zwar residierte in Tangermünde, an dem wichtigen Elbübergang, auch der erste Hohenzoller, der ständig in der Mark regierte, Johann Cicero; das war Ende des 15. Jahrhunderts. Aber als sich die altmärkischen Städte gegen die von ihm auferlegte Biersteuer wendeten, verließ er mit seinem Hof die Stadt.

In die Gegenwart hinein verbreitete vor allem die Schokolade einen gewissen überregionalen Ruhm der Stadt; die alte Zuckerraffinerie steht heute neben einem Faserplattenwerk. Im Mai 1945 kapitulierte hier die deutsche 12. Armee des Generals Wenck vor den Amerikanern, die diesen strategisch wichtigen Elbübergang erobert hatten. Damals war die Elbe die Demarkationslinie zwischen den Russen und

den Amerikanern, und Zehntausende deutscher Soldaten und Zivilisten überquerten sie auf der Flucht nach Westen.
Seitdem sich die Amerikaner gemäß den alliierten Beschlüssen nach Westen zurückzogen, ist uns die Altmark entrückt, wurde sie zum Grenzland der DDR. Der Hansjochenwinkel im Nordwesten – der Name Hans-Jochen wurde hier einst so oft gegeben, daß er zum Spitz- und Landschaftsnamen geworden ist – gehört zum Teil bereits ins Sperrgebiet. Im Rücken dieses Grenzgebietes erstreckt sich die Letzlinger Heide mit dem Arendsee, mit Wäldern, die reich an Eichen und Buchen, Erlen und Birken, Tannen und Kiefern sind. Sie ist heute eine Erholungslandschaft, die an die Lüneburger Heide erinnert, aber mit altmärkischem Charakter, mit bemerkenswerten Dorfkirchen, die als Denkmäler gepflegt werden, und früheren Klosteranlagen. Da der Zweite Weltkrieg die Altmark verschonte, blieb hier der historische Charakter erhalten.
In Salzwedel steht, inmitten vieler Fachwerkhäuser, ein kleines Barockpalais aus dem 18. Jahrhundert. Hier wurde Jenny von Westphalen geboren, die später den Re-

Links: Tangermünde heute. Oben: Tangermünde im 17. Jahrhundert
Folgende Seiten: Zweimal Bootsrast am Elbe-Havel-Kanal

BERLIN
P254

dakteur Karl Marx heiraten sollte. In dem Palais befindet sich heute eine Gedenkstätte. Jennys Vater war hier preußischer Landrat. Hinter dem Palais erhebt sich die Pfarrkirche St. Lorenz, ein Backsteinbau aus der Mitte des 13. Jahrhunderts, der im 18. und 19. Jahrhundert als Salzmagazin benutzt wurde. 1962 wurde das Bauwerk restauriert, die dreischiffige Basilika wiederhergestellt. Am Ausgang der Stadt, nach Stendal zu, steht ein Denkmal, das an tausend ermordete KZ-Häftlinge erinnert, die kurz vor Kriegsschluß von amerikanischen Truppen aufgefunden wurden. Hier wie überall hat deutsche Geschichte über die Jahrhunderte Spuren hinterlassen, die von Größe und Niedergang zeugen, von Stolz und Schuld.

Die „wahre Mutter dieses Landes und seiner Kunst" ist jedoch, wie Theodor Heuss schrieb, das Prämonstratenser-Kloster von Jerichow gewesen, wenige Kilometer entfernt von Tangermünde ostwärts der Elbe. Denn von diesem Kloster ging die Kultur des Landes aus. Die Klosterkirche steht noch, es ist der älteste und zugleich einer der vollendetsten märkischen Backsteinbauten, errichtet im letzten Viertel des 12. Jahrhunderts, nach 1945 restauriert, die dreischiffige Säulenbasilika mit den spätgotischen Turmhelmen, im Innern mit einem berühmten Osterleuchter aus dem 12. Jahrhundert. An der Südseite die Klausur mit Resten des Kreuzgangs, deren Wiederherstellung im Gange ist, mit den Refektorien und dem zweischiffigen Kapitelsaal.

Die schwere Wucht dieser Klosterkirche, die mittelalterlichen Reminiszenzen der Städte und Dörfer sind Brennpunkte im Mosaik altmärkischer Vergangenheit, um die sich der Alltag von heute gruppiert. Die Schlösser und Herrensitze sind anderen Zwecken zugeführt worden; auch das letzte Schloß, das – während des Zweiten Weltkrieges – auf deutschem Boden in Neumühle gebaut wurde, und zwar für die Grafen von der Schulenburg, deren Stammsitz die Wolfsburg bei Fallersleben war. Als dort das Volkswagenwerk gebaut wurde, wurden die Schulenburgs mit Neumühle entschädigt. Und Schönhausen, der Geburtsort Otto von Bismarcks, wird im „Kunstführer durch die DDR" 1969 nur mit der Dorfkirche aufgeführt, in der Epitaphe aus dem 16. bis 18. Jahrhundert erhalten sind.

„Kiek maol wedder rin", sagt der Altmärker zu seinem Gast, wenn er ihn verabschiedet. Bismarck nannte den Altmärker redlich und zuverlässig, dickköpfig und rauflustig. „Kiek maol wedder rin", sagt auch das Land, die Altmark, mit verhaltenem Stolz.

Wolfgang Paul

In Stendal: Links das Uenglinger Tor, rechts der Roland vor dem Rathaus und die Breite Straße

Die Elbe als Grenze

Den Namen des Kleinstädtchens Lauenburg an der Elbe mag mancher auch von früher noch im Ohr haben; schließlich gab es einmal ein Herzogtum Lauenburg. Von dem Elbflecken Schnackenburg jedoch haben damals allenfalls die Bewohner in Niedersachsen und Mecklenburg etwas gehört. Sonst wohl kaum jemand – bis Schnackenburg vor einigen Jahren unversehens aus dem Provinzdunkel ins politische Rampenlicht geriet. Die Überraschung läßt sich noch heute ablesen, wenn man deutsche Zeitungen durchblättert. Die einen neigen der Schreibweise mit einfachem „k" zu, die anderen geben ihm, was ihm zusteht: ein „ck". Derart in das Bewußtsein der Öffentlichkeit transportiert wurde Schnackenburg durch den Umstand, daß hier die 93 Elbkilometer beginnen, bei denen sich die Bundesrepublik Deutschland und die DDR nicht einig sind, ob der Strom in der ganzen Breite zur Bundesrepublik gehört oder nur zur Hälfte.

Das ist nicht ohne dramatische Akzente geschehen. Zeitweise fischten die DDR-Behörden so ziemlich jeden Sportbootfahrer aus der Bundesrepublik, der über die von der DDR als Grenzlinie beanspruchte Flußmitte geriet, auf und entließen ihn erst wieder, wenn sie ihn strengen Befragungen unterzogen hatten. Im Oktober 1966 kam es gar in der Nähe von Gorleben zu einem Zwischenfall, der in der Öffentlichkeit den etwas reißerischen Namen „Schlacht von Gorleben" erhielt. Damals wollten DDR-Boote ein westliches Schiff hindern, quer durch den ganzen Fluß Vermessungen für Unterhaltungsarbeiten vorzunehmen, die durch die Bundesrepublik ausgeführt worden waren. Am Westufer fuhren darauf britische Panzerwagen und Bundesgrenzschutz, am Ostufer DDR-Panzer auf, bis das Schiff sich aus der Sperre befreite und die Vermessungen vornahm.

Ungeklärte Grenzfragen sind stets heikle, konfliktträchtige Probleme. Das wußten die DDR-Unterhändler ebenso wie die Bonner Beamten, die seit 1973 in der „Kommission aus Beauftragten beider Regierungen", kurz „Grenzkommission" genannt, den Verlauf der bestehenden Grenze zwischen der Bundesrepublik Deutschland und der Deutschen Demokratischen Republik überprüft haben. Er bestimmt sich, so heißt es in der Protokollerklärung, die die beiden Delegationsleiter anläßlich der Unterzeichnung des Grundlagenvertrages abgegeben haben, „nach den diesbezüglichen Festlegungen des Londoner Protokolls vom 12. September 1944" sowie „späterer Vereinbarungen der damaligen Besatzungsmächte". Zwar lassen sich in Zeiten, da die Politiker der Entspannungspolitik ihre Reverenz erweisen, Konflikte leichter eindämmen oder wenigstens abkühlen, bevor sie zu heiß geworden sind. Was aber ist, wenn sich Deutsche (West) und Deutsche (Ost) bei gewandelter weltpolitischer Großwetterlage einmal nicht mehr auf das jetzt hochgehaltene Prinzip kontrollierter Behutsamkeit im Umgang miteinander besinnen wollen oder es nicht mehr können?

Inzwischen ist die Grenze Kilometer für Kilometer einvernehmlich festgestellt und markiert, sind eine Fülle von mit dem Grenzverlauf im Zusammenhang stehenden Problemen gelöst worden – auch etwa ein so umstrittenes Thema wie die Fangrechte für die Lübecker Fischer in der Lübecker Bucht, die auf einem alten, weit ins Mittelalter zurückgehenden Privileg beruhen. Nur das Stück der innerdeutschen Grenze, das zwischen Strom-Kilometer 472,6 und 566,3 von der Elbe dargestellt wird, hat ihren Bemühungen getrotzt. Inzwischen ist es von beiden Seiten aus der Gesamtdokumentation, in der die bisherigen Arbeiten der Grenzkommission zusammengefaßt werden, ausgeklammert worden, wenngleich nicht auf unabsehbare Zeit.

Das Grenzproblem geht auf den reichlich lässigen Umgang der anfangs drei, später vier Siegermächte mit den Fragen der Grenzziehung zurück. Sie orientierten sich bei der Einteilung Deutschlands in Besatzungszonen an den Verwaltungsgrenzen des Deutschen Reiches, also den Grenzen der alten Länder beziehungsweise der preußischen Provinzen. Von Feinarbeit hielten sie dabei freilich wenig – weder bei der Konferenz in London, bei der im September 1944 im Londoner Protokoll die Grenze zwischen den künftigen sowjetischen und britischen Besatzungszonen in diesem Bereich gemäß der „Westgrenze von Mecklenburg zu der Grenze der Provinz Hannover" festgelegt wurde, noch bei späteren Vereinbarungen. Die Grenze sprang danach eigentlich mehrfach über die Elbe. Am Westufer gab es Enklaven, auf die von der sowjetischen Besatzungsmacht aber nie Anspruch erhoben wurde. Umgekehrt traten die Briten das ursprünglich zu ihrer Zone gehörende, östlich der Elbe gelegene Amt Neuhaus der früheren preußischen Provinz Hannover alsbald an die Sowjets ab.

Die Unstimmigkeiten des Grenzverlaufs machten sich freilich solange nicht unangenehm bemerkbar, wie hüben wie drüben das Besatzungsregime herrschte. Aber mit dem Gewinn der Souveränität – so unterschiedlich freigebig sie auch den Deutschen im Westen und Osten gewährt wurde – wuchsen die Schwierigkeiten und Konfliktmöglichkeiten, wuchs auch das Gefühl für die Grenze. Auf der DDR-Seite übernahm bald die Kasernierte Volkspolizei (KVP), die Vorgängerin der Volksarmee, den Part der Überwachung. Sie patrouillierte schon mit Wachbooten auf der Elbe, als der bundesdeutsche Zoll sich gerade erst zu Kontrollgängen auf den Elbdeichen anschickte. Wo aber verlief die trennende Grenze exakt? Darüber herrschte keine Übereinstimmung. Die Dokumentenlage und das tatsächliche Verhalten der Besatzungsorgane sind widersprüchlich. So wundert es nicht, daß Kartenwerke über

diese Gegend sich durch frappierende Unterschiedlichkeiten auszeichnen.
Als sich Egon Bahr und Michael Kohl daranmachten, den Vertrag über die Grundlagen der Beziehungen zwischen den beiden deutschen Staaten auszuhandeln, ließ sich natürlich die Grenzproblematik nicht mehr ignorieren. Im Vertrag wurde deshalb die von beiden Seiten gebildete Kommission beauftragt, zu überprüfen, ob sich der tatsächliche Verlauf der Grenze, der sich in den zurückliegenden 25 Jahren herausgebildet hatte, mit den Bestimmungen der Alliierten von 1944 und den später zwischen ihnen getroffenen Vereinbarungen deckte. Das bereitete zwar auch anderswo Schwierigkeiten, sie konnten aber gelöst werden – bis auf jenen Teil, in dem die Elbe die Grenze bildet. In der Bundesrepublik Deutschland ging man im allgemeinen davon aus, daß die Streichlinie der Buhnenköpfe am Ostufer der Elbe die Grenze bilde, der befahrbare Strom also ganz zur Bundesrepublik gehöre. Die DDR drängt demgegenüber darauf, das Grenzproblem nach einem in den zwischenstaatlichen Beziehungen häufigen Muster zu lösen, das heißt: von der Flußmitte als Grenze auszugehen.
Das Zusatzprotokoll zum Grundlagenvertrag, das die rechtliche Grundlage der Tätigkeit der Grenzkommission darstellt, hatte indessen ausdrücklich festgestellt, daß sie einzig „die Markierung der zwischen den beiden Staaten bestehenden Grenzen überprüfen und, soweit erforderlich erneuern oder ergänzen sowie die erforderlichen Dokumentationen über den Grenzverlauf erarbeiten" solle. Von einer Grenzziehung aus eigener Kraft, also der Festsetzung einer neuen Grenze, war nicht die Rede und zwar mit gutem Grund: die Bundesregierung will und kann keine konstitutiven Akte vornehmen, weil sie damit gegen alliiertes Recht und eine Grundmaxime ihrer Deutschlandpolitik verstoßen würde, nämlich die Überzeugung, daß „Deutschland als Ganzes" (wie es im Deutschlandvertrag von 1952 heißt) und die darauf bezogenen Rechte und Verant-

Elbabschnitt mit DDR-Grenzanlagen bei Lauenburg

wortlichkeiten der Besatzungsmächte fortbestehen; sie kann deshalb nur die „bestehenden Grenzen", die Grenzfestsetzungen der Alliierten also, nachvollziehen, nicht eigene Rechtsakte an deren Stelle setzen. Die Verhandlungen wurden deshalb auf die Widersprüchlichkeiten zwischen den alliierten Dokumenten und dem tatsächlichen Verhalten der Besatzungsmächte zurückgeworfen. Die Diskussion fuhr sich nach innen und außen unheilbar fest. In der Grenzkommission stimmten beide Seiten nach äußersten Bemühungen schließlich überein, daß Rückwirkungen aus der noch nicht gelösten Problematik der Grenzfeststellung in diesem Bereich auf die bisher erzielten Ergebnisse der Arbeit in anderen Bereichen vermieden werden sollen. In der Praxis bleibt es damit bei der gegebenen Lage, so schön es auch gewesen wäre, erweiterte Fischereirechte, eine größere Sicherheit des Sportbootverkehrs auf der ganzen Elbe und eine Verständigung über das Verhalten beider Seiten zu erreichen. Es bleibt beim Alltag einer umstrittenen Grenze.

Wie sieht er aus, dieser Alltag? Die Elbefischer müssen sich damit begnügen zu fangen, was sich westlich der Flußmitte in ihre Netze verirrt. Da sie aber auch darauf achten müssen, den regen Schiffsverkehr auf der Elbe nicht zu stören, sind sie es vor allem, die der Konservierung des Grenzproblems kaum positive Seiten abgewinnen können. Vergleichbaren Beschränkungen unterliegen natürlich auch die Paddler und Ruderer zuweilen, nur daß bei ihnen durch den umstrittenen Grenzverlauf nicht die berufliche Existenz bedroht ist. Ungeachtet der Tatsache, daß es in den vergangenen Jahren zu schwerwiegenden Zwischenfällen mit weitreichenden Konsequenzen nicht gekommen ist, wird es weiterhin schwerfallen, die Konfliktquelle präzise zu beschreiben. Wenn einmal im Jahr auf der Elbe eine große Kanu-Rallye stattfindet, wird sie der anderen Seite angekündigt. Um einen störungsfreien Verlauf des Paddelvergnügens zu sichern, setzt aber der westdeutsche Zoll alljährlich auch seine Schutzboote in Marsch. Trotz aller dieser Unsicherheiten muß positiv vermerkt werden, daß es immerhin gelungen ist, den Verhandlungen zwischen der Bundesrepublik Deutschland und der Deutschen Demokratischen Republik über Fragen des Verkehrs in Artikel 23 des Verkehrsvertrages die Probleme des Binnenschiffsverkehrs in einer Weise zu lösen, die die reibungslose Benutzung des Stroms durch beide Seiten auch ohne Feststellung des Grenzverlaufs sichert.

Sten Martenson

Links: In Schnackenburg. Oben: Kontrollboot der Grenztruppen der DDR
Folgende Seiten: Tafel auf der Dömitzer Brücke und Bundesgrenzschutzhubschrauber bei Lauenburg

Gren ersichtspunkt Dömitzer
Rathaus
Eisenbahnbrücke
Scheinwerfer

Angler auf einer Buhne. Rechts: Morgenstimmung bei Hitzacker
Folgende Seiten: Die Dömitzer Brücke und Klein Kühren im Kreis Lüchow-Dannenberg

Lüchow-Dannenberg – ein Landkreis im Zonenrandgebiet

Früher gingen die Leute hier zum Einkaufen und auch zum Arbeiten nach Salzwedel und Wittenberge. Dort waren Geschäfte und Betriebe, die weiterführenden Schulen und kulturellen Einrichtungen, auf die hin man sich im Gebiet des heutigen Kreises Lüchow-Dannenberg orientierte. Die Elbe wurde noch nicht einmal als Trennungslinie empfunden. Verwandte und Bekannte wohnten diesseits und jenseits des Flusses, es wurde herüber und hinüber geheiratet, man besaß Äcker und Wiesen auf dieser und jener Seite.

Seit mehr als dreißig Jahren ist das alles anders. Die deutsche Teilung hat auch die Elbe hier zu einer fast unüberwindlichen Grenze gemacht. Salzwedel und Wittenberge, die früheren Hauptumschlags- und Einkaufsplätze, liegen in der DDR, trotz ihrer Nähe so fern wie eine andere Welt. Die nächsten größeren Städte sind nun Lüneburg und Uelzen, die früher sozusagen im Rücken dieser Gegend lagen. Aber weder sie noch Lüchow und Dannenberg oder Hitzacker, die größten Städte im Kreis, haben die Rolle ersetzen können, die Salzwedel und Wittenberge spielten.

Der Landkreis Lüchow-Dannenberg, der in die DDR hineinreicht, ist ein extremes Beispiel für die Folgen der Teilung; an drei Seiten ist er von insgesamt 141 Kilometern Grenze umgeben und nur mit seiner schmaleren Seite ist er mit der Bundesrepublik verbunden. Aber mehr oder minder betroffen von der Grenze durch Deutschland und Europa sind sehr viel mehr Gebiete. 1393 Kilometer ist die innerdeutsche Grenze lang, 356 Kilometer die kaum weniger einschneidende Grenze zur Tschechoslowakei und 384 Kilometer die schleswig-holsteinische Ostsee-Küste: das bedeutet – rechnet man das Zonenrandgebiet mit vierzig Kilometer Tiefe –, daß ca. 19 Prozent der Fläche des Bundesgebietes und rund 12 Prozent seiner Bevölkerung im Schatten einer Grenze liegen, die vielfach willkürlich durch gewachsene Lebens- und Wirtschaftsräume schneidet und alle normalen menschlichen, wirtschaftlichen und kulturellen Verbindungen abgequetscht hat.

Die Folgen liegen auf der Hand: Standort-Nachteile für die Industrie, schlechtere Erwerbsmöglichkeiten, Abwanderung. Bund und Länder haben von früh an versucht, dem durch gezielte Förderung entgegenzuwirken. Seit 1971 gibt es dafür ein von allen Parteien im Bundestag einstimmig verabschiedetes Gesetz, das „Gesetz zur Förderung des Zonenrandgebietes", das die verschiedenen Förderungsmöglichkeiten regelt und koordiniert. Sein Ziel war schon im Raumordnungsgesetz aus dem Jahre 1965 vorgegeben. Dort heißt es: „Die Leistungskraft des Zonenrandgebietes ist bevorzugt mit dem Ziel zu stärken, daß in allen seinen Teilen Lebens- und Arbeitsbedingungen sowie eine Wirtschafts- und Sozialstruktur geschaffen werden, die denen im gesamten Bundesgebiet mindestens gleichwertig sind." Diesem Ziel dient heute ein breites Angebot von Wirtschaftshilfen – Investitionszuschüsse, zinsgünstige Kredite und Steuererleichterungen –, sozialen und kulturellen Förderungsmöglichkeiten. Es ist freilich nur ein Angebot: die Initiative, um es wirksam werden zu lassen, muß von dem Zonenrandgebiet ausgehen.

Im Kreis Lüchow-Dannenberg ist es zum Beispiel auf diese Weise gelungen, ein Zweigwerk einer Kugellagerfabrik anzusiedeln. Das brachte 1400 Arbeitsplätze und ist für den ausgesprochen landwirtschaftlichen Kreis, in dem 1951 insgesamt nur neunhundert Leute in der Industrie beschäftigt waren, eine bedeutende Veränderung. Andere Betriebe haben nachgezogen. Erhebliche Mittel sind dem Kreis auch für soziale und kulturelle Zwecke zugeflossen. Das reicht beispielsweise vom Neubau einer Schule in Lüchow, für die allein der Bund über 250 000 Mark zur Verfügung gestellt hat, bis zur Erweiterung des Buchbestandes der Kreisfahrbücherei, von der Erneuerung der West-Giebelwand des Ratskellers der Stadt Lüchow bis zur Neueindeckung des Turmhelms der St. Johanniskirche in Restorf.

Insgesamt sind von 1971 an Bundesmittel in Höhe von 23 Millionen Mark für soziale und kulturelle Förderungen gewährt worden. Umgerechnet sind das 450 Mark je Bewohner des Kreises. 8,7 Millionen Mark davon galten dem Ausbau von Sportanlagen und Schwimmbädern. 5,8 Millionen flossen in den Bau von Veranstaltungsräumen in Hitzacker, Dannenberg und Lüchow und andere Freizeiteinrichtungen. 700 000 Mark wurden verwendet, um kultur-historische Bauten zu restaurieren und zu erhalten, vor allem, um die in dieser Landschaft, dem Wendland, anzutreffenden typischen Rundlingsdörfer zu bewahren. Eine halbe Million Mark diente schließlich der Unterstützung kultureller Veranstaltungen. Dabei ragen die „Sommerlichen Musiktage" in dem Elbestädtchen Hitzacker hervor, die überregionale und internationale Anerkennung gefunden haben.

Wappen am alten Rathaus in Dannenberg
Rechts: Der Schutzhafen von Schnackenburg

VTG
HAMBURG
HAMBURG
4008220

Seit einigen Jahren haben Bund und Länder hier den Schwerpunkt ihrer Förderung auf den Fremdenverkehr gelegt – nicht zuletzt deshalb, weil die Neigung zu industriellen Investitionen deutlich nachgelassen hat. Der gesamte Landkreis Lüchow-Dannenberg, im Besitz von Naturschutzgebieten und einer weitgehend unzerstörten Landschaft, ist inzwischen als Fremdenverkehrsgebiet ausgewiesen. Ein besonderes Beispiel für die Unterstützung auf diesem Gebiet ist die Freizeitanlage in Gartow mit einem großen künstlichen See, umfangreichen Uferanlagen und einem modernen „Haus des Gastes"; eine Reitsportanlage befindet sich im Bau. Von den Gesamtkosten dieses Projekts in Höhe von acht Millionen Mark haben Bund und Land Niedersachsen allein 6,9 Millionen Mark übernommen. Ähnliches gilt für den neuen Bootshafen in Hitzacker, für den – zusammen mit einigen anderen Infrastrukturmaßnahmen – Bundes- und Landesmittel in Höhe von 3,9 Millionen Mark bereitgestellt worden sind. Die Schwierigkeiten, mit denen ein Zonenrandbezirk zu kämpfen hat, bleiben trotz der Förderung gleichwohl erheblich.

Die Ursachen dafür liegen nicht nur in den Folgen der deutschen Teilung. Bereits vor dem Krieg war das Gebiet um Lüchow-Dannenberg eine arme Gegend, ein vorwiegend landwirtschaftlich geprägter Landstrich, dazu vielfach mit wenig ergiebigen Böden. Schon seit 1912 nahm die Bevölkerung ständig ab und ihren Tiefstpunkt erreichte sie 1939, als knapp über vierzigtausend Einwohner gezählt wurden. Wenn heute rund 50 000 Einwohner hier leben, sind es immerhin gut zehntausend oder 25 Prozent mehr als vor dem Krieg, die hier ihr Auskommen finden. Es kann keine Frage sein, daß es durch die Förderungsmaßnahmen gelungen ist, wenigstens teilweise den Anschluß an die Entwicklung im übrigen Bundesgebiet zu halten. Ohne sie, allein auf sich gestellt, wäre die zwischen Stacheldraht, Minenfelder und der zur Grenze gewordenen Elbe eingekeilte idyllische Region nicht in der Lage gewesen, lebensfähig zu bleiben.

Willi Gasper

Fachwerk in Dannenberg. Rechts: Im Naturpark Elbufer-Drawehn bei Kapern

Im 19. Jahrhundert herrschte reger Handel und Schiffsverkehr
Links: Nachtstimmung bei Lauenburg. Folgende Seiten: Pumpspeicherwerk und Schleuse in Geesthacht

Binnenschiffahrt

Die Teilung Deutschlands hat das Verkehrswesen in der DDR besonders stark beeinträchtigt, weil der Hauptgüterstrom unvermittelt von der Ost/West- in die Nord/Süd-Richtung umschwenkte, ohne daß die Verkehrsanlagen, Schienenwege und Straßen, darauf eingerichtet waren. Lediglich die beiden größten Wasserstraßen im Gebiet der DDR, Elbe und Oder, paßten in das neue Verkehrsgefüge. Von Anfang an war deshalb die Binnenschiffahrt in der DDR als Verkehrsträger wichtig. Die bedeutendste Wasserstraße ist die Elbe, die von Schöna an der Grenze zur ČSSR bis in die Gegend von Schnakkenburg mit einer Länge von rund 470 Kilometern die DDR durchströmt und mit Schiffen bis zu 1350 Tonnen befahren werden kann.

Die Elbe besitzt für die DDR aber auch deshalb beträchtliche Bedeutung, weil sie mit einem umfangreichen Netz von natürlichen und künstlichen Wasserstraßen verbunden ist, das bis zur Oder reicht und das sie für die Binnenschiffahrt erschließt. Nördlich von Magdeburg sind der Elbe-Havel-Kanal und fünfundzwanzig Kilometer stromabwärts der Plauer Kanal an die Elbe angeschlossen, wobei der letztere wieder mit dem Elbe-Havel-Kanal zusammenhängt. Auch in Havelberg, oberhalb von Wittenberge, wo die Havel in die Elbe mündet, besteht ein Zugang zur Havel und bei Dömitz zu den mecklenburgischen Wasserwegen. Alle diese Flüsse und Kanäle führen auch in den Großraum Berlin. Dadurch wird die Elbe zu einer wichtigen Versorgungslinie für die beiden Teile der Stadt mit ihren dreieinhalb Millionen Einwohnern.

Das gilt nicht zuletzt für West-Berlin. Von der Million Tonnen von Gütern, die jeden Monat nach West-Berlin transportiert werden, gelangen etwa 300000 Tonnen mit 550 Schiffen über die Elbe dorthin. In der Gegenrichtung sind es monatlich 40000 Tonnen, die von West-Berlin über die Grenzübergänge Rühen und Schnackenburg abgefahren werden. Im Durchschnitt halten sich einhundertvierzig Schiffe aus dem Bundesgebiet und den anderen Rheinuferstaaten mit etwa je 670 Leertonnen zu Be- und Entladungen in Berlin (West) auf. Im Rahmen des innerdeutschen Handels legen außerdem jeden Monat rund 170 DDR-Schiffe mit 120000 Tonnen Güter in West-Berliner Häfen an.

Was die Elbe auch zum Rückgrat der DDR-Schiffahrt macht, ist ihr direkter Anschluß an den größten Seehafen Deutschlands, Hamburg, und an das große westdeutsche und westeuropäische Wasserstraßennetz durch den Mittellandkanal. Im Zuge der sich ausweitenden Handelsbeziehungen zwischen den beiden deutschen Staaten gewinnt deshalb die Elbe mit den anderen schiffbaren Wasserstraßen der DDR weiter an Bedeutung. Außer der Elbe gelten noch als Hauptwasserwege der DDR: die untere Havel (148,5 km), die Spree-Oder-Wasserstraße (130,1 km), die Saale (86,5 km), der Oder-Spree-Kanal (83,7 km), der Oder-Havel-Kanal (82,8 km) und der Elbe-Havel-Kanal (56,4 km), alle geeignet für Schiffe bis 750 Tonnen.

Auf dem Elbe-Havel-Kanal zwischen Parey und Burg

Wasserstraßen allein genügen allerdings noch nicht für eine leistungsfähige Binnenschiffahrt. Es sind auch Häfen erforderlich, Umschlageinrichtungen, Gleis- und Fernstraßenanschlüsse und Werften. Die Elbehäfen haben von der DDR-Verkehrsstruktur her besonderes Gewicht, weil weit über die Hälfte des gesamten Binnenschiffsverkehrs über die Elbe abgewickelt wird. Allen voran steht der „Schwerpunkthafen" Magdeburg mit fast zwei Millionen Tonnen Umschlagsleistung pro Jahr.

Magdeburg ist schon von seiner Lage her als Verkehrsknoten und „Drehscheibe" dazu prädestiniert, die führende Rolle unter den Binnenhäfen der DDR einzunehmen. Darum ist der Elbe-Hafen Magdeburg technisch so ausgerüstet worden, daß er seiner Aufgabe gerecht werden kann: Er verfügt über eine Hafenbahn mit modernen Dieseltriebfahrzeugen, über zwanzig Kilometer Kaianlagen mit zahlreichen La-

Rechts: Der Schutzhafen von Lauenburg im Elbe-Lübeck-Kanal

gerplätzen, Hallen, Silos und Schuppen für Salz, Kali, Holz, Getreide, Stahlerzeugnisse und Container. Für den Kohleumschlag sind große Bunker, speziell für Siebkohle, errichtet worden. Stationäre und mobile Kräne, darunter Vollportalkräne und schwimmende Kranbrücken zum Umladen von Schiff zu Schiff sowie Raupengreifer, Schaufelgeräte und Transportmaschinen ermöglichen einen weitgehend mechanisierten Umschlag. Dazu kommen mehrere große Rangierbahnhöfe, von denen einige als Containerzentren eingerichtet wurden. Den Binnenschiffsverkehr zwischen Elbe und den Kanälen vermitteln das Schiffshebewerk in Rothensee und Schleusen in Niegripp und Parey.

Dieses Netz von Wasserwegen mit seinen Häfen, Schleusen und Hebewerken, das Berlin und die DDR für die Binnenschiffahrt erschließt, ist im übrigen bereits im vergangenen Jahrhundert angelegt oder zumindest geplant worden. Sein entscheidendes Glied, der Mittellandkanal, der das Ruhrgebiet im Westen mit den Flüssen und Kanälen um Berlin verbindet, wurde noch unmittelbar vor Beginn des Zweiten Weltkriegs fertiggestellt. Von den Häfen des Groß- beziehungsweise Schwerpunkthafens Magdeburg wurde der älteste, der Handelshafen, 1893 erbaut, der über fünfzehnhundert Meter lange und mehr als sechzig Meter breite Industriehafen 1910 und der Kanalhafen im Zusammenhang mit dem Bau des Mittellandkanals 1929. Er liegt parallel zum 2,5 Kilometer langen Elbabstiegkanal, der die Elbe mit dem Schiffshebewerk verbindet, und der zwei Becken von sechshundert Meter Länge hat. Sein Vorteil gegenüber den anderen Kanälen besteht darin, daß auch bei Niedrigwasser der Elbe immer drei Meter Wassertiefe vorhanden sind. Andere Elbehäfen mit überregionaler Bedeutung befinden sich in Wittenberge, Tangermünde, Schönebeck, Aken, Dessau, Torgau, Riesa, Meißen und Dresden. Dabei hat der Hafen von Dresden in letzter Zeit Umschlagleistungen erreicht, die an die von Magdeburg herankommen.

Obwohl die DDR ein ausgedehntes Wasserstraßennetz und gute Häfen hat, ist der Anteil des Binnenschiffsverkehrs am gesamten Verkehr relativ gering. Es sind zwar jährlich nahezu konstant 14 Millionen Tonnen, die mit Binnenschiffen befördert werden, doch auf die Gesamtmenge bezogen macht das nur 1,4 Prozent aus. Das ist erstaunlich, weil die Binnenschiff-Flotte in den letzten Jahren erneuert und modernisiert worden ist. Zehn Prozent der Transportmengen werden bereits von Schubschiffen erbracht, Schiffen also, die die Transportkähne nicht mehr hinter sich her schleppen, sondern vor sich her schieben – die rationellste Methode des Transports auf Binnengewässern. Motorgüterschiffe befördern zwanzig Prozent der Menge, und fünf Prozent transportieren motorisierte Schleppkähne. Den Rest erbringen die alten Schleppkähne. Die Schubflotte besteht zwar nur aus leichten Schubprähmen – flache schwimmende Transportbehälter aus Stahlblech – mit einer durchschnittlichen Tragfähigkeit von 400 Tonnen, doch dafür kann sie auch auf allen Kanälen eingesetzt werden. Das ist mit den 1350 Tonnen großen Schubleichtern in der Bundesrepublik nicht möglich.

Wenn trotz eines ausgedehnten Wasserstraßennetzes in der DDR und einer modernen Binnenflotte der Anteil der Binnenschifffahrt verhältnismäßig gering ist, so hat das mehrere Gründe. Einer von ihnen ist das Niedrigwasserproblem der Elbe. Die starken Schwankungen des Wasserstandes im Laufe des Jahres bewirken, daß die Schiffe oft nicht voll beladen werden können. Sie müssen geleichtert werden, wenn die Wassertiefe nicht ausreicht. Gerade im Sommer und Herbst, wenn am meisten Transportraum gebraucht wird, verhindert oft genug der niedrige Wasserstand das Ausnutzen der Schiffskapazitäten. Manchmal hat die Elbe so wenig Wasser, daß die Schiffahrt ganz eingestellt werden muß. Bereits 1932 ist deshalb mit Regulierungsarbeiten begonnen worden. Aber der Krieg hat sie unterbrochen, und bis heute sind sie nicht weitergeführt worden. Wichtig wäre zunächst, die Staustufe bei Magdeburg fertigzustellen, die eine die Schiffahrt stark behindernde Felsstrecke so überflutet, daß immer drei Meter Wassertiefe garantiert wären. Die Weiterführung dieses Projekts ist schon lange im Gespräch; ebenso eine Kanalisierung der Elbe oberhalb von Magdeburg bis hin nach Aussig in der Tschechoslowakei.

Wie die Elbe, müßte auch ihr größter Nebenfluß, die Saale, reguliert beziehungsweise kanalisiert werden, wenn sie zu einer leistungsfähigen Wasserstraße werden soll. Gegenwärtig kann die Saale nur von der Mündung in die Elbe bis Halle-Trotha mit Schiffen bis 750 Tonnen befahren werden; oberhalb davon sind nur kleine Einheiten von 400 bis 200 Tonnen zulässig. Effektiv wäre eine Saale-Regulierung allerdings nur, wenn das große Industriegebiet von Leipzig einen Anschluß an die Saale und damit zur Elbe und den anderen DDR-Wasserstraßen hätte. Auch dazu waren vor dem Kriege bereits Vorarbeiten geleistet.

Schließlich ist die Binnenschiffahrt in der DDR auch deshalb im Nachteil, weil keiner der drei DDR-Seehäfen Rostock, Wismar und Stralsund bislang an das Wasserstraßennetz angeschlossen ist. Wiederholt wurden in den vergangenen Jahren Pläne veröffentlicht, die den Bau von Binnenschifffahrtswegen nach Wismar und Rostock zum Ziel hatten. An erster Stelle stand ein Elbe-Ostsee-Kanal mit drei Meter Tiefe und dreißig Meter Wasserspiegelbreite, der von Wittenberge nach Wismar führen sollte. Ein anderes Projekt, dessen Realisierung im Laufe der sechziger Jahre vorgesehen war, sah einen Kanal von Rostock bis

zum Plauer See vor, dazu den Ausbau der mecklenburgischen und märkischen Wasserstraßen, die an Elbe und Oder angeschlossen sind. Über die Vermessungsphase sind die Projekte bis jetzt aber nicht hinausgekommen. Ein früher diskutierter Plan zum Anschluß des DDR-Wasserstraßennetzes an die Donau ist ebenfalls fallengelassen worden.

Von den zahlreichen Plänen für den Ausbau der Wasserstraßen ist in der Nachkriegszeit in der DDR überhaupt nur einer verwirklicht worden, und der ist wirtschaftlich und unter den Gesichtspunkten der Binnenschiffahrt überflüssig. Es ist der 34,9 Kilometer lange Kanal Paretz–Nieder-Neuendorf, der einzig und allein gebaut wurde, damit die DDR-Binnenschiffer auf ihren Fahrten im Berliner Raum nicht mehr West-Berlin berühren sollten. Doch seitdem sich die innerdeutschen Verhältnisse durch die Verträge wieder etwas entspannt haben, scheinen auch die DDR-Binnenschiffer verstärkt wieder die traditionellen Wasserstraßen durch Berlin zu nutzen.

Paul Kalinowski

Ein Raddampfer Anfang des 20. Jahrhunderts
Folgende Seiten: Das neue Kontor der Hamburg-Süd am Nikolai-Fleet und Trostbrücke mit Nikolaiturm

HAMBURG-SÜD

NEUE REVUE

Die Freie und Hansestadt Hamburg

Das Hamburger Rathaus und die Kleine Alster

„An der Elbe Auen", wie im Heimatlied ihre topographische Lage heute noch besungen wird, obwohl die Wiesengründe längst von einer Industrielandschaft überwuchert sind, ist in mehr als tausend Jahren eine Stadt gewachsen, von der man das gleiche behaupten darf, was einst Goethe über Frankfurt am Main geschrieben hat: Hamburg steckt voller Merkwürdigkeiten. Schon der Titel „Freie und Hansestadt" signalisiert Ungewöhnliches. Die Hanse, jener Bund deutscher Handelsstädte, der im 14. Jahrhundert das Wirtschaftsgeschehen zwischen Brügge und London im Westen, Bergen im Norden und Nowgorod im Osten beherrschte, ist nur noch ferne Erinnerung; aber „Hansestadt" ist für Hamburg mehr als ein schmückendes, historienträchtiges Wort. Es benennt gleichsam seine Lebensart. „Freie" wiederum bedeutet, daß Hamburg Stadt und Staat zugleich ist (heute eines der Bundesländer der Bundesrepublik Deutschland). Und nicht erst seit einigen Jahrzehnten versteht Hamburg sich als Port und Hort eines freien Bürgertums.

Am Anfang war Hamburg ein Vorposten des Christentums und damit der abendländischen Kultur, der erste Missionsstützpunkt oberhalb der Elbe. Beschützt wurde er von der „Hammaburg". Von hier aus unternahm im 9. Jahrhundert Erzbischof Ansgar, der als „Apostel des Nordens" heiliggesprochen wurde, seine Missionsreisen. Dem Missionar folgten alsbald die Händler. Im 12. Jahrhundert legte Graf Adolf III. von Schauenburg neben der erzbischöflichen Altstadt eine Neustadt an. Daß die Neu-Hamburger dann von Kaiser Friedrich Barbarossa einen „Freibrief" erhielten, war die grundlegende geschichtliche Entscheidung für Hamburg.

Die Hamburger, die Neu-Hamburger zunächst – sie schlossen sich erst 1216 mit den Alt-Hamburgern zusammen – bekamen die im Mittelalter äußerst wichtige Zollfreiheit auf der Unterelbe bis zum Meer zugesichert. Die Urkunde (deren Echtheit freilich umstritten ist) trägt das Datum vom 7. Mai 1189. Dieser 7. Mai wird heute alljährlich mit einem Volksfest als „Hafengeburtstag" gefeiert. Dem Grafen Adolf III. von Schauenburg, der den Freibrief beim Kaiser erwirkt hatte, setzten die Hamburger übrigens ein Denkmal.

Das geschah in einer Ära, in der die Freie und Hansestadt auf dem Gipfel ihres Aufstiegs stand: Es war die Zeit vor dem Ersten Weltkrieg. „Mein Feld – die Welt", lautete die Devise der Hamburger Kaufleute. Sie klang pathetisch, war aber realistisch. Hamburg, mittlerweile Millionenstadt, hatte den größten Hafen auf dem Kontinent, den drittgrößten der Welt nach London und New York. Namen Hamburger Kaufleute und Reeder wie Goddeffroy, Sloman, Woermann, Laeisz oder O'Swald hatten Weltruf. Ihre Kontore fand man überall in Übersee; ihre Schiffahrtslinien umspannten alle Ozeane. Albert Ballin leitete die Hapag, die größte Reederei der Welt. Kaiser Wilhelm II. schloß mit ihm eine Duz-Freundschaft.

Das Hamburger Großbürgertum, durchaus ein Leistungsbürgertum, trug keine Adelstitel und wahrte dennoch einen einzigartigen gesellschaftlichen Rang. Seine Kontore waren klein und oft karg, seine Bankkonten groß. Der private Reichtum verbarg sich in den Parks an der Elbchaussee und in den Villen an der Alster. Wenn der Kaiser und sein Gefolge in Hamburg Besuch machten, im vollen Uniform- und Ordens-Pomp der Epoche, stand ihnen der Hamburger Bürgermeister im absolut schmucklosen Frack gegenüber. Hamburger Bürger nahmen keine Orden an. Erst heute, in der Bundesrepublik Deutschland, wird diese Regel zuweilen durchbrochen; denn mittlerweile sind die Orden republikanisch.

Als Republik, regiert von einem Senat, hatte Hamburg der deutschen Kleinstaaterei mit den Königen und Duodezfürsten sozusagen den Rücken gekehrt. Der Blick der Stadt war seewärts gerichtet. Mit diplomatischem Geschick hielten die Hamburger sich zum Nutzen ihres Handels möglichst neutral; und nur weil ihr Handel gefährdet war, hatten sie einmal hart zugeschlagen: In den Jahren 1400 und 1401 besiegten sie die Seeräuber vor der Nordseeküste. Klaus Störtebeker und seine Kumpane wurden enthauptet. Ihre Köpfe steckte man auf Stangen an der Hafeneinfahrt. Aus der Seeräuberzeit ist Hamburgs heute ältestes Bauwerk erhalten geblieben. Es steht eine halbe Tagesreise entfernt auf der Wattinsel Neuwerk, die noch immer Hamburgisches Staatsgebiet ist; es ist der dort 1310 errichtete Wehrturm.

Als der Dreißigjährige Krieg fast ganz Deutschland verheerte, blieb Hamburg ungeschoren. Man hatte sich die Neutralität einiges kosten lassen und die Stadt rechtzeitig, von 1616 bis 1625, zu einer uneinnehmbaren Festung ausgebaut. Kriegerischen Verwicklungen sind die Hamburger immer möglichst aus dem Wege gegangen. Wie ruinös eine Besetzung durch fremde Truppen sein kann, erlebten sie in den Napoleonischen Kriegen. Und als in der Wilhelminischen Ära eine deutsche Hochseeflotte gebaut wurde und die Marinerüstung die Feindschaft der Engländer heraufbeschwor, gab es eindringlich warnende Stimmen vor allem aus dem Hamburger Rathaus.

Es hat beide Weltkriege überstanden: der prachtvolle Bau in Neu-Renaissance dokumentiert inmitten der Büro- und Warenhaus-City die Glanz- und Gloria-Ära der Stadt. Während der Bauzeit schon, 1886 bis 1897, hatten sich Kunstkritiker seines Stils wegen und manche Kaufleute über die hohen Kosten ereifert. Alfred Lichtwark hielt ihnen entgegen: „In dem Rathaus findet das politische Bewußtsein unseres tausendjährigen Gemeinwesens seinen sichtbaren Ausdruck. Es dient nicht als Sitz einer Kommunalbehörde, sondern der Regierung eines selbständigen Staates, und die Bürger Hamburgs sind deshalb berechtigt, an seine Ausstattung höhere Anforderungen zu stellen, als bei Rathäusern deutscher Residenzen, Berlin nicht ausgeschlossen, statthaft wären." Der Republikanerstolz fand im Hamburger Rathaus sein Monument.

Alfred Lichtwark, dessen Name übrigens die Schule trägt, auf die Helmut Schmidt, der Bundeskanzler, gegangen ist, war als Kunsterzieher und Kunsthallendirektor eine Persönlichkeit, die das Hamburger Kulturleben bis in die Gegenwart hinein geprägt hat. Zu hanseatischer Lebensart, die ihren Wohlstand privat meist kaschiert hält, gehört ein mäzenatisches Verhalten; und Männer wie Lichtwark gaben dazu die Hilfestellung, lenkten das gespendete Geld in die richtigen Bahnen. Dank Lichtwark zum Beispiel befindet sich in der Hamburger Kunsthalle der Altar des Meisters Bertram, des ältesten deutschen Malers und Holzschnitzers, dessen Namen und Werk genau bekannt sind (und der von 1410 bis 1425 in Hamburg arbeitete). Ein „Consortium ehrbarer Kaufleute" gründete vor 301 Jahren die Hamburger Oper, die älteste Bürgeroper der Welt, deren Jubiläum im vergangenen Jahr mit Gastspielen anderer Opernhäuser festlich begangen wurde. Ein Beispiel des großen Mäzenatentums ist auch die Musikhalle, die der Reeder Carl Laeisz stiftete.

Bootshafen an der Trostbrücke

Eher leise, doch um so nachdrücklicher hat Hamburg seine Geschichte auf friedfertige Weise bewältigt. Vielleicht liegt es daran, daß Hamburg von Anfang an weltoffen war und sich fremden Einflüssen, ob aus Holland, Dänemark oder vor allem England, nicht verschloß. Das deutsche „Tor zur Welt" wurde auch eine Importschleuse für die Bewegungen der modernen Zeit, nicht zuletzt des Sports. Hamburger Kaufmannssöhne, die ihre Lehrjahre in England verbracht hatten, führten im vorigen Jahrhundert Rudern, Segeln, Fußball, Tennis nach Deutschland ein. Seither ist hanseatische Lebensart durchaus auch sportlich.

Der typische Hamburger, sagt man, sei kühl, gebe sich unnahbar, trage die Nase zuweilen ein bißchen hoch. Aus der langen Geschichte der Stadt heraus sind solche Eigenschaften aber nicht zufällig angenommen worden. Man hütet sich in Hamburg vor dem Überschwang der Temperamente, auch wenn man nicht selten in Redseligkeit gerät. Und was die Unnahbarkeit betrifft: in der Stadt selbst waren die Klassenschranken nie so hoch wie etwa in den deutschen Fürstentümern; und ein gesunder Bürgerstolz ist in Hamburg keine Frage des Geldbeutels. In Hamburg war in Deutschland schon frühzeitig die Demokratie zu Hause.

Peter Pedersen

Links: Kleine Alster, Alsterfleet und Schleusenbrücke am Hamburger Rathaus. Oben: Hamburger Lagerhäuser und Kontore um 1900
Folgende Seiten: Zwischen Altona und St. Pauli und eine Schlepperstation vor dem Hamburger Michel

Restaurant
Fische
FISCHERHAUS
ASTRA
BLAUPUNKT

18
4
BUGSIER 4
HAMBURG
BUGSIER 4

Merians Hamburg-Karte aus dem 17. Jahrhundert
Rechts: Hafensicht von den St. Pauli-Landungsbrücken aus gesehen

LANDUNGSBRÜCKEN

Hamburg – „Tor zur Welt"

Deutschlands größter Seehafen liegt über hundert Stromkilometer entfernt von der offenen See: Hamburg, das – nach eigenem stolzen Wort – „Tor zur Welt". Die Freie und Hansestadt, großstädtischer Kern einer Region mit rund drei Millionen Menschen, ist mehr als nur Hafenstadt. Sie ist Wirtschafts- und Handelszentrum von europäischem Format. Sie ist umsatzgrößter deutscher Industrieplatz, Außenhandelsmetropole mit rund zweitausend Außenhandelsfirmen, Dienstleistungszentrum, vielfältiger Medienplatz und nicht zuletzt Verkehrskreuz des Nordens. Aber nichts ist in der allgemeinen Vorstellung so eng mit der Millionenstadt an der Elbe verknüpft wie der Hafen. Mit ihm ist Hamburg und ein großer Teil seines Handels und Wandels über Jahrhunderte hinweg gewachsen; Schiffsverkehr und Überseehandel haben die Stadt stets weltoffen nach außen blicken lassen.

Dieser Hafen ist auch nicht zu übersehen, reicht er doch mit Anlegebrücken, alten Speichern und Elbnebenarmen – den Fleeten – bis ins Herz der Stadt zwischen Elbe und Binnenalster. Jeder Blick von einem der historischen Kirchtürme oder von einem der über die Dächerhorizontale hinausragenden Hochhäuser öffnet ein faszinierendes, viele Kilometer weites Hafen-Panorama: mit Kränen, Lagerschuppen, Überseeschiffen, Brücken, Tanklagern, Werften, Docks, verwirrend verschachtelt zwischen der hier geteilten Norder- und

Altonaer Schlepper-Station

Süderelbe. Hamburgs Hafenregion ist 90 Quadratkilometer groß, größer mithin als das Fürstentum Monaco, mit 275 Kilometern Uferstrecke entlang des Labyrinths der Spezialhäfen. In einem einzigen Jahr werden hier 18 000 Schiffe abgefertigt und 54 Millionen Tonnen (1977) Seegüter umgeschlagen, von Massengütern wie Mineralöl, Getreide, Erz und Kohle über Holz, Tabak und Südfrüchte bis zu Stahl und kompletten Werksanlagen.

Besonders stolz ist der „Universalhafen" darauf, daß an den hier umgeschlagenen Gütern das Stückgut erheblichen Anteil hat; an ihm hängt ungleich mehr „Wertschöpfung" für einen Hafen als am relativ schnell durchlaufenden Massengut. Sechzehn Millionen Tonnen oder gut vierzig Prozent des in deutschen Seehäfen umgeschlagenen, im Wettbewerb besonders umworbenen Stück- und Sackguts gehen über den Hafen an der Elbe. Nichts macht den tiefen Wandel im Hafenumschlag augenfälliger als der Umgang mit Stücken, die im Verlauf des letzten Jahrzehnts mehr und mehr in riesige „Kisten" – die Container – gewandert sind. Die Großbehälter werden im Binnenland gepackt, Huckepack mit Spezialllastzügen oder per Bahn zum Hafen transportiert, mit riesigen Spezialkränen aufs Schiff verladen; die umgekehrte Abfolge hat diese „Containerkette" im Empfängerland. In Hamburg werden mittlerweile weit über 400 000 Container im Jahr verladen; rund hundert Container-Schiffslinien in alle Erdteile laufen in regelmäßigem Fahrplan die Hansestadt an. Der „Container-Terminal" in riesiger Ausdehnung ist aber nur eine Antwort auf die Frage, wohin rund vier Milliarden DM geflossen sind, die Staat und private Wirtschaft nach dem Krieg in Wiederaufbau und Ausbau des Hamburger Hafens gesteckt haben. Andere Gegenstände waren: neue Hafenbecken mit hochmoderner Ausrüstung, Kühlhäuser, Verteilerzentren, Datenverarbeitungs-Anlagen sowie der Sturmflutschutz.

Jeder Hafen hat den Ehrgeiz, besonders „schnell" zu sein. Jede Stunde Liegezeit kostet viel Geld und spielt daher im Wettbewerb eine besondere Rolle. Hamburg gilt als ausgesprochen schneller Hafen, der das Handicap der westeuropäischen Randlage inzwischen durch Anbindung an die großen Verkehrsadern zumindest zum Teil ausgeglichen hat. Die Position als schneller Mittler zwischen Übersee und Mitteleuropa, Skandinavien und dem Ostblock spiegelt sich im hohen Umschlag für Drittländer, dem Transitverkehr vor allem für die DDR, Österreich, die ČSSR, Ungarn und Skandinavien. Dabei spricht für Hamburg die besondere Rolle im Liniendienst: Über 300 Dienste mit 700 Abfahrten im Monat laufen von hier aus 1100 Häfen in aller Welt an.

Eine Voraussetzung für einen schnellen Hafen „im Binnenland" ist ein glatter Weg von und zur offenen See. Es ist die Unterelbe, die – der wachsenden Größe der Schiffe und deren Tiefgang folgend – in Jahrzehnten mit außerordentlich hohem Baggeraufwand immer weiter vertieft worden ist. Sie ist die „Lebensader" der Hansestadt. Erst in jüngster Zeit ist der Strom von bisher 12 auf 13,50 Meter Wassertiefe bei Normal-Niedrigwasser vertieft. Mit so viel Wasser unter dem Kiel können jetzt auch vollbeladene Erzfrachter mit über 100 000 Tonnen Ladung Hamburg anlaufen, und die modernen, über 280 Meter langen Containerschiffe brauchen nicht mehr wie bisher die auflaufende Flut abzuwarten, um in re-

Schlepper-Station um 1900

lativ schmaler Fahrrinne fahrplangerecht nach Hamburg zu kommen.
Diese letzte fast abgeschlossene Elbevertiefung, die immerhin 450 Millionen DM kostet, hat jedoch gezeigt, daß eine Grenze erreicht ist. Allein die Riesenmengen anfallenden Baggersandes, 4,5 Millionen Tonnen bei der letzten Vertiefung, sind zum Problem geworden. Wo sollen sie abgeladen werden? Die Niederelbe ist bis zur Mündung in Cuxhaven und darüber hinaus, mit Nebenarmen und reizvollen Strominseln, Erholungsraum für viele tausend Wassersportler und Wochenendausflüger. Zudem haben die Industrieansiedlungen, die die Unterelbe in den letzten Jahren angezogen hat, Umweltprobleme aufgeworfen, zum Beispiel für die Selbstreinigungskraft des lebenden Stromes bei zusätzlicher Belastung mit Abwasser.
Zur extremen „Tiefwasser"-Zufahrt, wie zum Beispiel Supertanker sie brauchen, wird die Unterelbe auch in Zukunft nicht werden. An der deutschen Nordseeküste gibt es eine solche Zufahrt nur für Wilhelmshaven. Aber auch Hamburg hat sein Tiefwasser-Projekt in der Schublade: ein Vorhafen am Fahrwasser der Außenelbe vor Cuxhaven bei den Watteninseln Neuwerk-Scharhörn. Ob dieses Projekt jemals realisiert wird, ist offen.

Klaus Wiborg

CITY OF EDINBURGH
LEITH

Segelschiffe und Dampfer im Hafen um 1900
Links: Schiffsüberholung im Schwimmdock des Hamburger Hafens. Folgende Seiten: Ladeszene und Köhlbrand-Brücke im Hafen

TRANSATLANTA
HAMBURG
CLAUS D
CARL ROBERT ECKELMANN

Lithg. Institut von D. M. Kanning

Kaiser Karl der Grosse,
Erbauer der Hammerburg.

Chronik
der
Stadt Hamburg
und
ihres Gebiets,
von der ersten Gründung der Stadt bis auf die gegenwärtige Zeit.

Mit einer schön colorirten Ansicht der ersten Anlage der Stadt.

Verlag
von
C. H. Stern's Buchdruckerei.

Hamburg.

Buchtitel einer Hamburger Chronik aus dem Jahre 1860 Rechts: Im Hamburger Hafen heute
Folgende Seiten: Idyll in Hamburg-Övelgönne und Tanker vor Blankenese

NO SMOKING

Lastkahn, der für den Warentransport benutzt wurde
Rechts: Vor Hamburg-Blankenese

Hamburg und sein Hinterland

Ein „Packhaus und Magazin für ganz Deutschland" hat eine Denkschrift des 17. Jahrhunderts Hamburg genannt. Umgekehrt: Muß die Freie und Hansestadt um ihre Reichtümer fürchten, seit Deutschland durch den Spruch der Sieger 1945 geteilt wurde? Tatsächlich durchschneidet die Grenze zur DDR ja nur rund 150 Kilometer südostwärts die Elbe, die traditionelle Verbindung der Stadt mit dem Binnenland. Das Schlagwort vom „verlorenen Hinterland", bezogen auf die DDR und die Tschechoslowakei, klang daher recht plausibel, als man es in der Nachkriegszeit erfand. Aber viel mehr als eine, wenn auch gute, Erfindung ist dieses Schlagwort für Hamburg trotzdem nicht gewesen. Denn abgesehen davon, daß Hamburgs Güterverkehr mit der ČSSR heute um fünfzig Prozent größer ist als vor dem Krieg, hat dieses Ballungsgebiet heute ganz andere Hinterlandprobleme.

Grob gesehen sind es dieselben strukturpolitischen Schwierigkeiten, die auch anderen westdeutschen Metropolen wie etwa Frankfurt und München zu schaffen machen. Das Entwicklungsgefälle, das zwischen ihnen und ihrem jeweiligen Umland besteht, kehrt sich allemal gegen diese hochindustrialisierten Verdichtungsräume. So hat Hamburg, das 1964 noch stolze 1,86 Millionen Einwohner zählte, diesen Zenit seither um rund 170 000 Menschen unterschritten. Und jeder der verlorenen Töchter und Söhne, die es aus dem Dunstkreis der Großstadt hinaus ins Grüne zog, nahm rechnerisch etwa 2300 Mark jährlich an Steuern mit, die „Mutter Hammonia" nunmehr in der Kasse fehlen. Hamburg hat als selbständiges Bundesland nicht wie andere Großstädte die Möglichkeit, umliegende Orte einzugemeinden und auf diesem Wege das Problem anzugehen.

Bei einem Gesamtsteueraufkommen von zwanzig Milliarden Mark pro Jahr, von dem nach Abzug der Bundessteuern und aller sonstigen Lasten rund sechs Milliarden für den eigenen Hausgebrauch bleiben, sind die dreißig Millionen Mark freilich nur ein Klacks, der Hamburg durch die Wanderungsverluste abgeht. Schwerer wiegt da schon die Tatsache, daß die Zahl der Beschäftigten in der Hansestadt von 1961 bis 1970 um 3,8 Prozent abnahm, während sie im schleswig-holsteinischen Umland um 11,9 Prozent wuchs. Im gleichen Zeitraum verminderte sich auch die Zahl der sogenannten Einpendler, die außerhalb des Stadtstaates wohnen, aber in ihm arbeiten, um 38 000 auf insgesamt 134 500 Personen, während sich die Zahl der Auspendler um rund 10 000 auf 17 600 erhöhte. Und allein in den Jahren 1970 bis 1973 wurde der Hamburger Behörde für Wirtschaft und Verkehr die Ausquartierung von 52 Betrieben mit fast 4600 Arbeitsplätzen bekannt.

Das heißt: Mit den Pendlern verliert die Freie und Hansestadt nicht nur beträchtliche Anteile der Lohn- und Einkommensteuer an die benachbarten Länder und Gemeinden. Sie muß auch ständig neue Arbeitsplätze schaffen, will sie ihr gegenwärtiges Beschäftigungsniveau lediglich halten. Und eben darin liegt die Crux: Zwar haben die vier Küstenländer Bremen, Hamburg, Niedersachsen und Schleswig-Holstein vor zehn Jahren eine „Konferenz Norddeutschland" gegründet, die eine

An der Einfahrt zum Elbe-Lübeck-Kanal in Lauenburg

grenzüberschreitende Regionalplanung sicherstellen soll. Aber „die rechtlichen Möglichkeiten Hamburgs, auf die Planungen und damit Entwicklungen in den Nachbarländern im Sinne seiner Zielvorstellungen Einfluß zu nehmen, sind begrenzt", hat der Senat in einer Mitteilung an die Hamburger Bürgerschaft realistisch festgestellt, und gleich noch resignierend hinzugefügt: „Auch der Einfluß der Nachbarländer auf die Planungen der Gemeinden findet seine Schranken in der kommunalen Selbständigkeit."

So kommt es, daß das vielgerühmte „Achsenkonzept" nicht allzu wirksam ist. Danach sollen acht „Entwicklungsachsen", die strahlenförmig vom Hamburg ausgehen, die optimale Ausnutzung der Verkehrsbänder gewährleisten, die Wirtschaftskraft der sogenannten „Achsenendpunkte" im Innern Schleswig-Holsteins und Niedersachsens stärken sowie die Räume zwischen den Achsen als ökologische Ausgleichs-, Wassergewinnungs- und Erholungsgebiete sichern. Aber trotz des Regionalplanes I, den Hamburg und Kiel miteinander vereinbarten und der gewisse Grundlagen für eine Steuerung der Bauleitplanung im Umland geschaffen hat, streitet sich die Hansestadt mit ihren Nachbargemeinden nach wie vor um die Ansiedlung von Industriegebieten.

Dabei verfügt das Umland über ein größeres und kostengünstigeres Angebot an freien Flächen. Trotz alledem hat Hamburg mit seinem Hafen und der Elbe einen wirtschaftsgeographischen Vorzug zu bieten, den die Schleswig-Holsteiner und Niedersachsen kaum wettzumachen vermögen. Es ist einfach der Standortvorteil, der sich aus der Nähe zum offenen Meer und aus der Anbindung an das binnendeutsche Wasserstraßennetz über den Nord-Ostsee- und den Elbe-Seiten-Kanal ergibt. Und das ist ein Vorteil, den Unternehmensleitungen bei ihren Investitionsentscheidungen meist höher zu bewerten pflegen als Subventionen.

Der Oberelbe kommt dabei allerdings nur noch verhältnismäßig wenig Bedeutung zu. Für die Freie und Hansestadt hat die Elbschiffahrt bereits seit der Jahrhundertwende kontinuierlich an Gewicht verloren: erst durch die massive Konkurrenz anderer Verkehrsträger (Eisenbahn und Kraftfahrzeuge), dann durch die wachsenden Ansprüche der verladenden Wirtschaft, schließlich durch die über Jahrzehnte fehlende Anbindung des rheinisch-westfälischen Industriereviers an die Elbe. Den Orts- und Nahverkehr nicht gerechnet, befriedigt Hamburg seinen Güterbedarf (1975: fast 40 Millionen Tonnen) heute zu mehr als fünfzig Prozent durch die Deutsche Bundesbahn, zu mehr als einem Drittel per Lkw. Dagegen bestreitet die Binnenschiffahrt nur noch zwölf Prozent vom Warenverkehr der Elbmetropole – und davon kommt wiederum nur ein Bruchteil aus dem angestammten Hinterland südöstlich der Grenze bei Schnackenburg.

Seit seiner Wiedereröffnung im Juni 1977 (nach dem verheerenden Dammbruch) macht nun auch der Elbe-Seiten-Kanal der Oberelbe wachsende Konkurrenz: Was früher an Gütern im sogenannten „Hufeisenverkehr" zwischen den Räumen Hamburg/Lübeck einerseits und Braunschweig/Hannover/Dortmund andererseits über Elbe und Mittellandkanal floß – und das war immerhin ein Sechstel des Gesamtaufkommens (vor allem Kali, Düngemittel, Baustoffe, Eisen, Stahl und Erze) – geht nun über die neue künstliche Wasserstraße, die in ganzer Länge und zu jeder Jahreszeit auch für das vollbeladene Europaschiff mit seinen 2,50 Meter Tiefgang befahrbar und daher kostengünstiger ist. Zwar wird die Oberelbe auch in Zukunft den Binnenschiffahrtsverkehr von und nach Berlin beherrschen, weil diese Strekke kürzer ist. Zusammen mit dem Elbe-Seiten-Kanal kommt ihr sogar eine gesteigerte Bedeutung für den Fall zu, daß das Schiffshebewerk in Magdeburg-Rothensee einmal ausfallen sollte. Aber was geschieht, wenn eines Tages der schon vierzig Jahre alte Traum vom Bau eines Doppelschiffshebewerkes bei Hohenwarte in Erfüllung geht und der Mittellandkanal durch eine Trogbrücke über die Elbe direkt mit dem Elbe-Havel-Kanal verbunden würde?

All dies mögen Hamburgs Stadtväter bedacht haben, als sie beschlossen, einen Großteil der Baukosten der durch das benachbarte Niedersachsen führenden neuen Großschiffahrtsstraße dem Haushalt der Hansestadt aufzubürden.

Leidtragender der neuen Verkehrsentwicklungen auf der und um die Oberelbe aber ist Lauenburg. Das schmucke Städtchen am nördlichen Elbufer, unmittelbar an der Grenze zur DDR, hat lange Zeit davon geträumt, einmal das „Wasserstraßenkreuz des Nordens" zu werden. Nicht zu unrecht, denn hier mündet – fast gegenüber dem Elbe-Seiten-Kanal – der Elbe-Lübeck-Kanal, der früher mit der Elbe durch die älteste Schleuse Europas, der „Palmschleuse", verbunden war. Heute geht der Schiffsverkehr des Elbe-Lübeck-Kanals durch die neuere Schleuse Lauenburg.

Inzwischen hat sich diese Hoffnung weitgehend zerschlagen. Der Ausbau dieses vor 78 Jahren von Kaiser Wilhelm II. eröffneten Kanals für das moderne 1350-t-Europaschiff wird volkswirtschaftlich nicht für vertretbar gehalten, weil nicht einmal die Betriebskosten erwirtschaftet werden könnten. Die betagte Anlage soll allerdings instandgesetzt werden. Das ist auch nötig. Denn immer häufiger melden die Schiffsführer selbst bei auf zwei Meter Tiefgang abgeladenen Kähnen Grundberührung.

Dirk Bavendamm

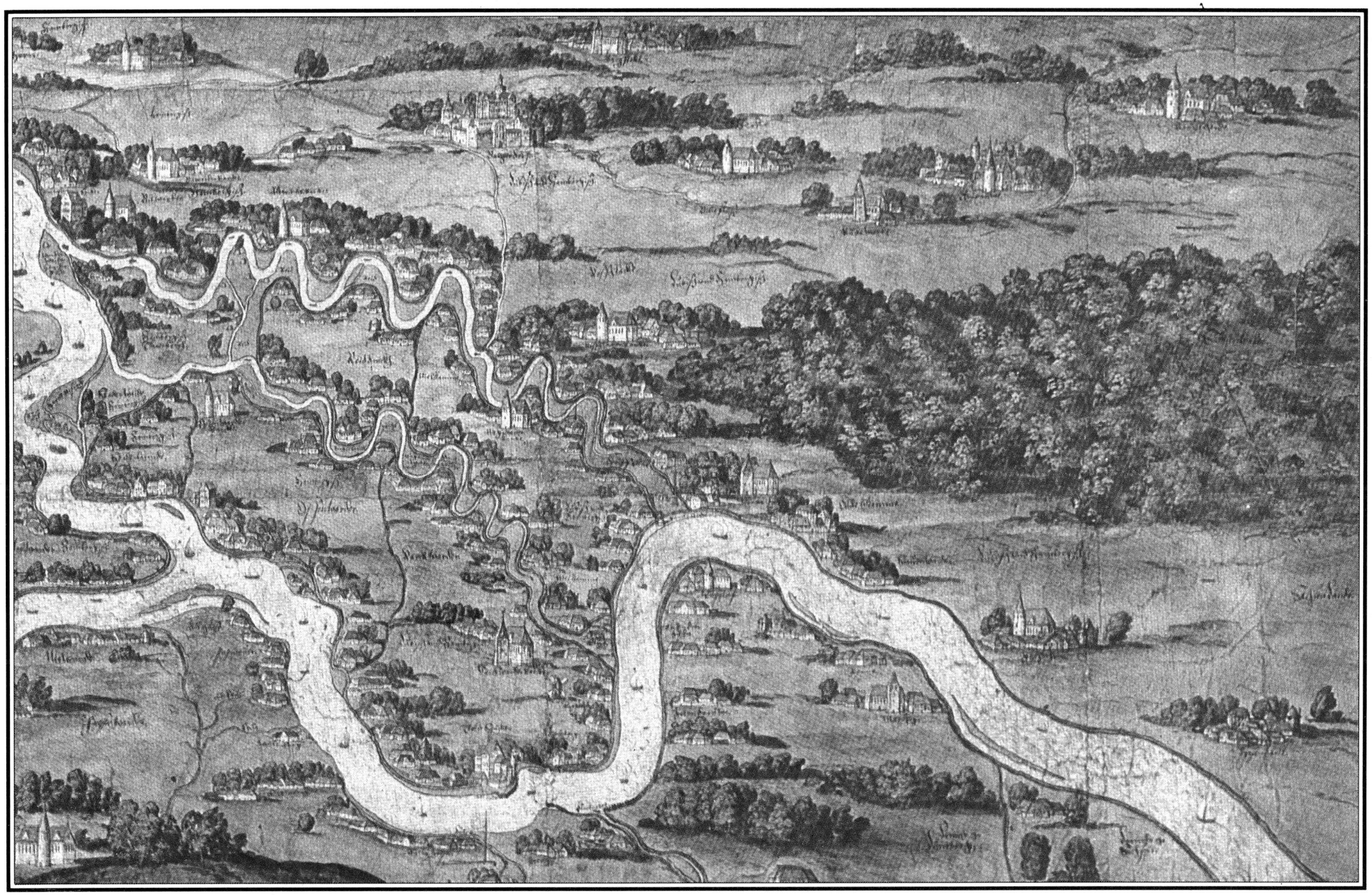

Aus einer Elbkarte vom 16. Jahrhundert, Abschnitt vor Hamburg
Links: Auf Finkenwerder, im Hintergrund Hamburg-Nienstedten. Folgende Seiten: Der neue Hochwasser-Deich in Jork und Bauernhaus im „Alten Land"

Erbaut 1717
Erneuert 1950
Heinrich Rieper Magdalena Rieper geb. Rathjens
En egen Hus, en egen Hof un Arbeit alle Dag: De meisten is dat Glück so grot, so söcht se sick en Plag.

Windanzeiger neben der Willkommen-Anlage in Cuxhaven

Hier fahren die Schiffe über Land. Jedenfalls scheint es so, wenn man über die Deichkronen hinweg auf die Unterelbe oder auch auf den Nord-Ostsee-Kanal schaut. Wie auf Schienen schieben sich da die großen und kleinen „Pötte" stromauf- oder -abwärts vorbei. Dieser maritime Verschiebebahnhof reicht von der Kugelbake in Cuxhaven bis zur Köhlbrandbrücke im Hamburger Hafen. Dazwischen liegen das Fährhaus Schulau und das „Willkomm Höft": Mit Flaggendippen und Nationalhymne werden die eingehenden Schiffe hier begrüßt, die ausgehenden verabschiedet. Das Publikum, das dem hanseatisch-nüchternen Zeremoniell mit Dippen der Flagge, Grußwort in der jeweiligen Landessprache und der Nationalhymne im Fährhaus beiwohnt, schnuppert den Duft des Sonntagsnachmittagskaffees und den der großen weiten Welt zugleich.

Zwischen Hamburg und Cuxhaven beginnt sich der Strom zu weiten – von fünfhundert auf fünfzehntausend Meter Breite. Er nimmt sozusagen ozeanische Ausmaße an, bevor er sich wirklich mit der Nordsee vermählt. Aber zugleich wird er damit zum Einfallstor des Meeres für das eigentlich weit im Binnenland gelegene Hamburg. In bleibender, schreckensvoller Erinnerung ist den Hamburgern noch die Flut, die der Sturm am 16./17. Februar 1962 in die Elbmündung hineindrückte. Das an der Küste geläufige Wort „Nordsee ist Mordsee" bekamen damals viele Elbanwohner am eigenen Leibe zu spüren. In wenigen Stunden wuchs die Flut zu einer Flutkatastrophe, weil die Deiche nicht standhielten. Sie wurden inzwischen verstärkt, verlängert, streckenweise verdoppelt. Aber wenn das Wetter es will, laufen die Flutwellen inzwischen gleich bis in die Hamburger Neustadt hinein.

Hinter den Deichen mag man sich heute deshalb sicherer fühlen als etwa auf dem Fischmarkt von St. Pauli, der zur Zeit der Herbststürme hin und wieder unter Wasser steht. Hinter den Deichen ist es so gemütlich und traut, wie es vielleicht schon vor hundert Jahren war. Die roten Backsteinkaten mit den Reetdächern schmiegen sich dicht an den grünen Wall oder lugen keck über ihn hinweg. „Zimmer frei mit Elbblick" – das ist eine Verlockung, der viele Hamburger nicht widerstehen können. Sie suchen hier Erholung oder haben sich bereits eingekauft und damit manches alte Fachwerkhaus vor dem Verfall bewahrt.

Die stolzen Marschbauern im Alten Land oder, auf der nördlichen Seite des Stroms, in Dithmarschen und dem Kreis Steinburg ficht das nicht an. Sie leben von der Landwirtschaft oder vom Obstbau. Vor allem im Frühling, wenn die Kirsch- und Apfelblüte weiße und rosa Schaumkronen über die Gärten und Plantagen wirft, müssen sie freilich der Blechlawine trotzen, in der die vielen Schaulustigen sich dann über die eng gewundenen Deichstraßen wälzen. Wie gut man hier seit Generationen lebt, davon zeugen die reich verzierten Giebelfronten der Gehöfte und die Schmuckbögen über den Gartenpforten. Rot, grün und weiß – das sind die Farben, die dem Land diesseits und jenseits der Unterelbe einen fröhlichen, erfrischenden Glanz verleihen. Er wird von den Leucht- und Kirchtürmen

Bauernhof in Jork im „Alten Land"
Rechts: Abendliches Treffen am Schiffs-Anleger in Lühe

BRATWURST
Thüringer Rostbratwurst
STD-MN56

kreuzweise über den Strom geworfen und von diesem wie von einem Spiegel reflektiert.
Dagegen haben die Fischer nichts zu lachen und nicht mehr viel zu fangen. Die einzige deutsche Heringslogger-Flotte, die es noch vor einigen Jahren in Glückstadt gab, besteht nicht mehr. Es fehlen die Kisten mit köstlichen Matjes. Aber der Elbe ist es so ergangen wie den meisten Flüssen in der hochindustrialisierten Welt: Sie ist zu einem Abwasser geworden, in dem der Sauerstoff – zu Lasten der Fische und Fischer – verzweifelt gegen die Schadstoffe kämpft. Und natürlich ist das Baden in der Elbe längst verboten. Immerhin kann man noch auf den Deichkronen endlos an ihr entlangspazieren, auf ihr mit der Segeljolle hin- und herkreuzen oder sie bei Blankenese und Cranz, Schulau und Lühe, Glückstadt und Wischhafen mit der Fähre rasch überqueren. Von Brunsbüttel, am südlichen Ende des Nord-Ostsee-Kanals, geht außerdem regelmäßig eine Fähre nach Cuxhaven. Eineinhalb Stunden auf dem Strom, und man glaubt, die Welt hinter sich lassen zu können. Genügt das nicht?
Nein, es genügt nicht. Die Industriewelt greift weiter aus, will sich die Elbe unterwerfen und holt sie spätestens bei Stade und vor Brunsbüttel wieder ein. In der seelenlosen Sprache der Strukturpolitiker ist dieser Fluß ohnehin nichts weiter als eine „industrielle Entwicklungsschiene": kostengünstig, standortgünstig wegen der unmittelbaren Anbindung an den Seeverkehr, der Nähe zum Ballungsraum Hamburg und dem Zugang zur Ostsee über den Nord-Ostsee-Kanal. Schließlich muß der nordwestdeutsche Küstenraum, als strukturschwaches Gebiet ohnehin von Minderwertigkeitskomplexen geplagt, irgendwie mithalten mit der Bremer und erst recht mit der Rotterdamer Konkurrenz. Und weil die Elbe nicht nur das Kehdinger und das Alte Land mit der Wilster Marsch und den Koogen um Marne verbindet, sondern auch Schleswig-Holstein und Niedersach-

Auf der Unterelbe: auslaufender Kutter

sen voneinander trennt, sind diese beiden Bundesländer miteinander längst in einen fröhlichen Wettstreit um allfällige Industrieansiedlungen eingetreten.
Der Name Brokdorf, wo ein Kernkraftwerk werden soll, das viele Bürger nicht haben wollen, ist da nur ein bundesweit bekannt gewordenes Symbol. Es steht mehr zufällig für Entwicklungen, die anderenorts schon viel weiter gediehen sind. Kernkraftwerke arbeiten ja bereits in Stadersand und bei Brunsbüttelkoog (nicht immer pannenfrei, wie man vor zwei Jahren erfuhr): Riesige schwarze Quader, die sich in ein wirres Netz von Stromleitungen verstrickt haben, und die wie erratische Blöcke in den weißblauen Himmel ragen. Sie haben das sanfte Ebenmaß der weiten Horizonte brutal zerschlagen. Aber das ist ja noch nicht alles: Gerade im Raum Brunsbüttel haben sich Chemie-Werke und Mineralölfirmen wie durch gigantischen Mottenfraß längst der Landschaft bemächtigt. Auf der anderen Seite verweist Stade werbend auf sein Industriegebiet.
Die Hochstimmung, in der die Industrialisierung an der Unterelbe in der zweiten Hälfte der sechziger Jahre begann, ist inzwischen freilich der Ernüchterung gewichen. Immer deutlicher wurden die Grenzen dieser Entwicklung und auch deren immaterielle Kosten erkennbar. Immer lauter meldeten sich auch jene Kräfte zu Wort, denen es um die Erhaltung der Stromlandschaft an der Unterelbe geht. Waren die bürgerkriegsähnlichen Auseinandersetzungen um das Kernkraftwerk in Brokdorf wahrscheinlich der spektakulärste, so war der erste Teilerfolg der „Grünen Listen" bei der schleswig-holsteinischen Kommunalwahl von 1978 in der Wilster Marsch vielleicht der repräsentativste Ausdruck dieser Gegenbewegung. Die Naturschützer sehen in den Uferzonen mit ihren Sandbänken und Schilfpartien wichtige Schutzgebiete für selten gewordene Vogelarten und für die dort immer häufiger anzutreffenden Erholungsuchenden.
Vor rund fünfhundert Jahren, als der letzte Schauenburger Graf in der Kirche von Itzehoe beigesetzt und der Dänenkönig Christian I. der neue Graf von Holstein und Herzog von Schleswig wurde, unterschrieb er den Vertrag von Ripen. In dieser Urkunde bestätigte er den beiden Territorien, „dat se bliven ewich tosamende ungedelt". Immerhin war das ein Versprechen von solchem Gewicht, daß es Mitte des vorigen Jahrhunderts einen Krieg zu lohnen schien, als sich Dänemark daran nicht mehr gebunden fühlte. Diesen Krieg hat Preußen gewonnen, und Schleswig-Holstein blieb nach wie vor ungeteilt. Die Teilungsgrenze verläuft jetzt um einiges weiter südlich – gegenüber Niedersachsen. Sie wird von der Elbe gebildet, diesem geschundenen Strom, und ist eine neue Grenze zwischen Ökologie und Industrie, zwischen Natur und Menschenwerk.

Dirk Bavendamm

Kernkraftwerk Stade (Stadersand)
Folgende Seiten: Industrieanlagen bei Brunsbüttel und auslaufendes Frachtschiff

Der Fischerhafen in Cuxhaven im Jahr 1960

Meine Elbereise

Tagebuchnotizen von Spindlermühle bis Cuxhaven, die J. Albrecht Cropp zu seinen Aufnahmen machte.

Spindlermühle,
Donnerstag, 18. Mai 1978
Aus grauen Wolken rinnt der Regen unmittelbar in schwarze Tannen, so tief hat sich der Himmel in das Riesengebirge gesenkt. Nur schemenhaft zeigen sich Waldhöhen hinter dem nächsten Hotel. Hier entspringt also die Elbe, die nun, auf andere Art wie im Westen der Rhein, zu einem Grenz- und Schicksalsfluß der Deutschen geworden ist.
Gestern abend bin ich nach langer Fahrt über Bamberg und Bayreuth bei Eger in die Tschechoslowakei gekommen. Eine Stadt wie Karlov Vary gewinnt erst auf der Karte Kontur und Leben: da heißt der Ort Karlsbad. Und mit diesem Namen verbinden sich Szenen aus Büchern und Filmen, Szenen aus einer Zeit, als die Gesellschaft hier oder in Baden-Baden zur Kur ging. Doch von diesem ehemals mondänen Kurort sieht der Durchfahrende nichts mehr.
Wie so häufig im Osten überrascht die Weite der Landschaft, jetzt in unzähligen Grüntönen des Frühlings. Im Kontrast dazu die Städte schmucklos und grau. Zwar sind einzelne Gebäude renoviert, zwar gibt es neue Wohnblocks, trotzdem sehen sie aus, als warteten sie auf einen lange überfälligen Frühjahrsputz. Staub und Braunkohlenruß haben sich auf die Fassaden gelegt, eine stumpfe Patina, die schließlich alles gleichgemacht hat.
Nach langer Fahrt über gerade, manchmal fast endlose Alleen, über meist gute, aber leere Landstraßen, taucht Leitmeritz auf: Erst nur die Kirchturmspitzen, die auf dem Vorhügel Elbe und Altstadt überragen. Dann baut sich darüber noch rasch eine theatergerechte Kulisse: Über einem Kegelberg hinter der Stadt zieht rotdurchglüht eine Wolke so vor der Sonne vorbei, daß die Strahlen über den Himmel zu den Dächern der Stadt und bis zur Elbe hinunter dramatisch sich fächern.
Die Elbe fließt hier schon beachtlich breit und schlammig braun unter einer stark befahrenen Brücke hindurch. Ein Lastkahn mit einem zweiten an der Leine, schiebt sich langsam stromaufwärts. Auf dem der Stadt gegenüberliegenden Ufer machen zwei weitere Lastschiffe fest. Die Fahrrinne ist mit knallroten Bojen markiert.
In der Altstadt spiegeln die nach Westen stehenden Fenster den Abendhimmel von Gelb bis Orange und Gold. Und noch einmal eine Theaterkulisse: Vor schattigem Grau stehen Fähnchen und Dekorationsreste der Maifeier wie vergessene Requisiten, die ein auf Raffinesse bedachter Regisseur gerade so beiläufig verteilt hat.
In den beiden Hotels am weiten Marktplatz drängen sich in verräucherten Sälen viele Soldaten, Einheimische und nur wenige auswärtige Gäste. Wie überall im Osten bieten die Hotel-Restaurants das vergleichsweise reichhaltigste Essen. Die Hotels sind also auch die gesellschaftlichen Zentren der Stadt, obgleich sie auf uns allemal ein wenig wie Bahnhofs-Wartesäle wirken.
Am nächsten Morgen rumpeln schon um fünf Uhr früh die ersten Lastwagen über eine holprige Straße hinter dem Hotel. Die Sonne geht hier fast eine Stunde früher auf als in Frankfurt am Main. Über die Elb-Brücke dröhnen die Lastwagen und Busse, wie zu einer Kolonne formiert. Der Charme der Abendstimmung, des Sonnenuntergangs hinter den Hügeln, ist verschwunden, hat einem grauen Alltagsgesicht Platz gemacht. Verschwunden sind auch die beiden Lastschiffe, die gestern hier vor der Brücke ankerten. Jetzt ist alles blau und grau, nüchtern, es riecht nach Alltag.
Die gut ausgebaute Straße führt an der Elbe entlang. Die Ebene weitet sich. Pappeln stehen Spalier. Eine Kirche spiegelt sich im träge gleitenden Wasser. Ein Ruderboot samt Ruder liegt, von einer schweren Kette gehalten, im hohen Ufergras. Ein Angler in Gummistiefeln hat seine Siebensachen in ein graues Cape geschnürt, mißmutig geht er ohne Fang zum Dorf zurück.
Vor Roudnice/Raudnitz tummelt sich die Elbe über breite, aber flache Felsbänke. Hinter einer schmalen Insel schiebt sich ein Lastschiff an den Stromschnellen vorbei. Die Schleuse ist von Weiden verdeckt. Die Stadt steht auch hier fast beziehungslos zum Fluß wie ein Versatzstück im Bühnenhintergrund.
In den Straßen herrscht jenes Treiben, das zugleich von Geschäftigkeit und Lässigkeit zeugt. Viele Menschen sind beim Einkaufen, emsig, ameisenhaft. Da bildet sich eine kleine Gruppe, dort scheinen an einem Marktstand die Salatblätter frischer, und hier gibt es sogar Zitronen. Frauen eilen mit Einkaufsnetzen und Taschen über den Platz. Auf der anderen Straßenseite stehen Männer, rauchend und plaudernd. Viele alte sind dabei. Wäre es wärmer, würden sie an kleinen Tischen sitzen und bedächtig den kräftigen türkischen Kaffee trinken.
Weiter nach Melnik. Die Altstadt thront erhaben auf dem Berg, als wache sie über den Zusammenfluß von Moldau und Elbe. Die breitere und kräftigere Moldau gebe, so sagen die Tschechen, den Namen gerne an die Elbe ab. „Die Moldau soll tschechisch bleiben", sagt ein alter böhmischer Spruch.

GLÜSING
CUX 9
CUX 10

An der Elbe,
Samstag, 20. Mai 1978

Meine Gedanken wandern noch einmal zurück nach Spindlermühle. Die Elb-Quelle mußte ich ja schließlich gesehen haben, trotz einiger Warnungen der Empfangsdame im Hotel.

Der Morgen nach der Regennacht im Riesengebirge ist kühl und neblig. Die Wolken berühren jedoch nicht mehr den Wald. Der Wetterbericht läßt alles befürchten und kaum Sonne erhoffen. Mit einer Wanderkarte im Maßstab 1:50 000 mache ich mich auf den Weg. Nach starken Regenfällen gleicht der Pfad streckenweise einem ausgewaschenen Bachbett. Knüppel, Zweige und sogar Bäume liegen in der Quere. Eine kleine Holzbrücke ist bis auf zwei Balken eingestürzt. Hinter den letzten Häusern der großen Baude führt die Wandermarkierung in den Wald. In etwa tausend Meter Höhe beginnt Schnee das Steigen zu erschweren. Anfangs sind es nur einige Placken in schattigen Partien, bald ist es eine geschlossene Decke, die kniehoch liegengeblieben ist. Der festgefrorene Firn hält den schweren Wanderstiefeln meist stand, hin und wieder sinke ich aber bis über die Knöchel ein.

Das Steigen ist mühsam. Die Markierung verliert sich im Knüppelgehölz. Doch mit meiner Karte und einigem Optimismus stapfe ich einen immer weiter und weiter sich hinziehenden Bergrücken hinauf. Nebelschwaden oder Wolken, wer wollte es hier oben unterscheiden, verhüllen schon die nahestehenden Bäume. Ich habe das Gefühl, mich in einem schwerelosen, erdfernen Raum zu bewegen. Unwillkürlich muß ich an die Erzählungen von Rübezahl denken, der die Wanderer allzu gerne in die Irre geführt haben soll. Ich denke ernsthaft an Umkehr. Knapp acht Kilometer bergauf sind es bis zur ersten Baude. Unter normalen Bedingungen sollte man diese Strecke in eineinhalb Stunden bequem hinter sich bringen.

Nach etwa hundert Minuten Aufstieg taucht dann doch die grüne Elbbaude aus dem weißen Einerlei auf. Wie bin ich erleichtert! In einem überhitzten, holzverkleideten Raum trinke ich einen Tee und versuche, Auskunft über die letzten Kilometer bis zur Quelle zu erhalten. Der junge Wirt, oben herum nur mit einem mit Pop-Motiven bedruckten T-Shirt bekleidet, hat anscheinend die Baude noch nie verlassen. Zwei Mädchen mit strammen Busen starren wie gebannt auf die farbige, aber unablässig flimmernde Fernsehscheibe.

Draußen pfeift ein nasser Sturm. Weniger als zehn Meter Sicht. Ich bin allein. Zu dieser frühen Stunde kam ich als erster Gast auf die Baude. Einsam liegen alle Wege, nur schwach gespurt, im Schnee. Nach kurzem Suchen finde ich den ausgeschilderten Pfad zur Elb-Quelle. Bald darauf beruhigen mich auch die Markierungsstangen, die hier bei Schnee und Nebel die einzige Orientierungshilfe sind.

Die Elb-Quelle, das ist dann ein schwarzer, ovaler, schwimmbeckengroßer Tümpel im Schnee. Unablässig sprudelt auf der einen Seite Quellwasser hervor, das unter der massiven, fast einen Meter dicken Schneedecke an der Talseite gleich wieder verschwindet. Zwei kahle Baumgabeln bezeichnen den bedeutenden Platz. Der Himmel ist bleigrau, schwer liegt er auf dem Kamm. Es beginnt wieder zu regnen. Nach fünf Stunden Marsch bin ich zurück im Hotel Montana in Spindlermühle, erschöpft und zweifelnd, ob denn dieser Tümpel im Schnee wirklich die Elb-Quelle gewesen sei.

Bei regnerischem Wetter mit zwischendurch aufreißendem Himmel folgt eine rasche Fahrt durch verträumte, liebliche Postkarten-Landschaften, immer an den Hängen der böhmischen Berge entlang, nach Tetschen. Dort, in Děčín, wie die Stadt heute auf tschechisch heißt, hat die Elbe ihr Aussehen verändert. Aus dem klaren, grün-grauen Gebirgsbach ist ein brauner, trüber und recht träger Strom geworden, der sich an der verrußten Stadt vorüberquält. Auch hier stehen alte, erneuerungsbedürftige Häuser auf der einen Flußseite kubischen, standardisierten Neubauten auf der anderen gegenüber. Der DDR-Ausflugsdampfer „Wilhelm Pieck" aus Dresden gleitet frisch gestrichen und gewaschen durch diese triste Kulisse, fährt zurück zum Elbsandsteingebirge. Er wirkt wie ein weißer Schwan auf einem trüben Entenweiher.

Nach kurzer Fahrt gelange ich von Tetschen an die Grenze der ČSSR zur DDR am Elbsandsteingebirge vor Schmilka. Lange Autokolonnen auf beiden Seiten der Schranken. Wochenendverkehr. Zwischen je drei bis vier Personenwagen wartet ein vollbesetzter Bus mit Gruppentouristen auf Einlaß ins sozialistische Nachbarland. Für den Westdeutschen dauern die Kontrollen länger: Koffer aufmachen, Papiere dreimal prüfen und stempeln, Visa-Gebühren zahlen, nochmal Koffer und Taschen öffnen. Nach etwa vierzig Minuten bin ich schließlich in der DDR.

Bad Schandau, Sonntag, 21. Mai 1978

Im Elbsandsteingebirge erwartet mich der erste wirklich warme Frühlingstag des Jahres. Das sagen mir jedenfalls die Bergsteiger und Wanderer aus Bautzen. Die Sonne sticht schon am frühen Morgen. Es wird rasch warm, der Tag lockt Tausende an, die obere Elbe zu besuchen, die auch wir uns als

Links: Der Cuxhavener Fischer- und Werft-Hafen heute
Folgende Seiten: Wattfahrt mit der Kutsche zur Insel Neuwerk und die Nordsee

Ausflugsziel erkoren haben. Rucksackbepackten Ameisen gleich schwärmen kleine Gruppen auf sandigen Waldwegen aus. Die Sandsteinfelsen ragen senkrecht aus Sand und Wald empor. Kletterer, die hier im Sächsischen „Krabbeler" genannt werden, legen Seile an und nehmen die lotrechten Wände ohne Eisen in Angriff, nur mit Schlingen die Unebenheiten im Fels nutzend. In erstaunlich kurzer Zeit erscheinen sie dann oben auf schmalen Säulen wie dem „Tand" oder der „Teufelsnase". Von unserem Standpunkt können wir erkennen, wie sich die Bergsteiger auf diesen Felsnadeln ins Gipfelbuch eintragen. Wegen des Reglements, ohne Eisen auszukommen, gelten die sächsischen Kletterfelsen vielen schwierigen Partien in den Alpen als ebenbürtig.

Auf der „Krippen",
Montag, 22. Mai 1978
Ruhige Fahrt mit einem alten Raddampfer namens „Krippen" elbabwärts bis Riesa und wieder zurück nach Dresden. Kein ratterndes, stoßendes Vorwärtspflügen, sondern ein sanftes Gleiten, ohne Erschütterungen, ohne Dieselgebrumm. Denn die gut achtzig Jahre alte Dampfmaschine treibt niedertourig unmittelbar die Welle mit den beiden Radschaufeln an. Die Kaffeetassen klirren nicht. Kein Dröhnen in den Ohren. Stetig ziehen Wiesen, Hügel, Häuser und Menschen wie in einem endlosen Filmstreifen vorüber. Ich vergesse, daß eine Maschine das Schiff treibt. Harmonie mit dem Fluß stellt sich ein, läßt uns einswerden mit seinem Lauf.

Dresden, Donnerstag, 25. Mai 1978
Drei Tage sind seit der Bootsfahrt vergangen, drei weitere Tage an der Elbe. Von Dresden aus habe ich versucht, den Fluß, sein Gesicht, seinen Charakter zu erkennen. Trotz aller Gegensätze zwischen Schmilka und Riesa, zwischen dem Elbsandsteingebirge und der flachen, hügelig auslaufenden Ebene im Norden, ist die Elbe hier allemal ein friedlicher Strom. Gelegentlich erinnert sie an die mittlere Loire, die auch so stetig und zielstrebig dahinströmt. Das Gleichmaß ihres Laufs wirkt zeitlos. Dagegen erscheinen die Veränderungen, die Menschen an ihren Ufern schufen, recht kurzlebig. So imponierend sie hier und dort sind, die Elbe scheint über Gebäude und Brücken nur mild zu lächeln. Gewiß kamen auch ihre Hochwasser nie plötzlich, nie als Flutwellen. Wie ich den Fluß bisher kennenlernte, läßt er seine Wasser langsam steigen, aber unaufhaltsam. Die Hochwassermarkierungen in Erdgeschoßhöhe der Ufergebäude, beispielsweise in Wehlen, zeigen den höchsten Stand mit sieben Metern über Normalhöhe an.
Die Elbe fließt hier braun, in einer Farbe, die nicht nur von aufgewühltem Lehm und Sand herrührt. Sie hat ihre Natürlichkeit durch die Abwässer vieler böhmischer Dörfer, Fabriken und Städte verloren. Auf meine Fragen nach dem Abwasserproblem erhalte ich nur Achselzucken zur Antwort. Ja, Verunreinigungen kommen schon über die Grenze. Doch was soll's? Also leitet jeder sein eigenes Wässerchen dazu. Auch auf der „Krippen" rieselte und plumpste alles durch ein offenes Fallrohr ins Wasser.
Vorgestern fuhr ich mit dem Wagen, ein Fahrrad im Kofferraum, elbaufwärts. Mein erstes Ziel waren die Barockgärten von Groß-Sedlitz, die noch vor Pirna liegen. Das Wetter entsprach dem vielbeschriebenen Waschküchenklima. Es tropfte aus jeder Himmelspore, und die schwitzende Erde schien unaufhörlich neues Nieseln hervorzurufen.
Morgens liegen die Gärten verlassen. Das Tor, mit einem aus der Dresdner Altstadt stammenden Portal, gähnt den Fremden an. Der auf alten Bildern immer so gepflegt wirkende Rasen ist ungeschoren. Gras und Löwenzahn wuchern fast kniehoch. Die Wege sind nicht geharkt. Keine Fontänen über dem Wasser. Auf den kleinen Seen haben sich Algen angesiedelt, Entengrütze. Die Fassade des herrschaftlichen Baus jedoch ist frisch gestrichen, okkergelb. Vor dem Seiteneingang füttert der Koch des Restaurants eine gelbbraune Katze mit rohen Fleischstreifen, bis er in den Finger gebissen wird.
Die Fahrt geht weiter zur nahegelegenen Feste Königstein. Mächtig steht die Burg über der Elbschleife. Sachsens Kurfürsten haben sie zur Sicherung ihrer Grenzen gegen Böhmen so gewaltig ausgebaut und befestigt. Im Kampf ist sie nie eingenommen worden.
Schulklassen, die in der DDR offenbar mehr als anderswo auf Reisen sind, machen sich auch an die Eroberung der Burg Königstein. Dreizehnjährige sitzen rittlings auf den am Eingang postierten Kanonenrohren. Zwei Buben versuchen hindurchzuschauen. Die Souvenir- und Getränkebuden sind umlagert. Ein Trupp mit breitkrempigen Väter-Hüten, die in ihrer Menge wie Helme wirken, läuft den Aufgang zum Klapptor hinauf. Die meisten Schüler jedoch lassen sich für vierzig Pfennige von dem geräumigen Fahrstuhl im Turm hinauf zum Rund- und Wehrgang hieven.
Der Blick auf den Fluß aus der Vogelperspektive entlockt doch einige „Ahs" und „Ohs". Nach einem kurzen Besuch der Aussichtserker für die obligatorischen Erinnerungsfotos in der Pose,

wie sie seit Großvaters Zeiten vor der Kamera üblich sind, verlieren sich die Schüler in den verstreut liegenden Museumsräumen. Die Baugeschichte, auch die Wehr- und Waffentechnik von Sachsens feudaler Vergangenheit bis zur gegenwärtig so friedliebenden Volksarmee sind dokumentiert und kommentiert. Die politischen Akzente scheinen die Schüler kaum zu notieren. Sie interessieren sich, natürlich, mehr für die technischen Geräte.

Vor Bad Schandau zweigt eine kleinere Straße linkselbisch ab. Es geht nach Krippen, dem Namensgeber unseres Elb-Dampfers. Ich will mir das in Teilen durchaus romantische Schandau von der anderen Seite ansehen und finde auch eine Straße, die vor einem kleinen Wirtshaus endet. Weiter führt nur noch ein Weg, eigentlich ist es nur eine Spur, die mir so richtig für meine erste Erkundung geeignet scheint. Ich nehme das Klapprad aus dem Kofferraum, setze das Vorderrad ein, das ich zwischen den Felgenbremsen hindurchzwängen muß, ziehe die Schrauben nach, stelle den Lenker gerade und trete nach fast dreißig Jahren das erste Mal zu einer längeren Tour in die Pedale. Kamera und Wechselobjektive ruhen in den Satteltaschen.

Anfangs strample ich munter drauflos. Ich habe den Torpedo-Gang auf „3" gestellt, eine ungewohnte Übersetzung. Als Junge habe ich von einer Gangschaltung nur geträumt, ich habe es nie dazu gebracht. Bald wird dieser Elbpfad schmaler. Die Spur führt durch schlammige Pfützen, die der Regen hinterlassen hat. Ich male mir aus, wie es mir bei einem Sturz ergehen könnte, ob ich die Böschung hinab gleich bis in die Elbe purzeln würde. Müßte nicht ein unfreiwilliges Bad zu einem Grenzkonflikt führen?

Am Ufer stehen schon die Grenzschilder. Im Amtsdeutsch verbieten sie jedes Ins-Wasser-Setzen von Booten, das Baden und die Benutzung der Elbe. Hier ist der Fluß auf gut vier Kilometer Länge am linken Ufer noch deutsch, von der Mitte an jedoch tschechisch. So radle ich mit leicht unbehaglichen Gefühlen weiter, nicht sicher, ob ich nicht dabei bin, in der Grenzzone etwas Unerlaubtes zu begehen. Erst schauen die DDR-Grenzschutzpolizisten, dann die ČSSR-Zöllner über den nicht breiten Strom herüber. Nichts geschieht. Ich fahre die Grenze wie ein ausgeklapptes Leporello ab.

Drüben, auf der tschechischen Seite, heißt die Elbe „Labe", wie die Inschriften an einem Hotel und einem Gasthaus verkünden. Oberhalb des schmalen Wegs, den ich weiterradle, und gleich neben den Bahnschienen, steht die letzte deutsche Fabrik, eine Mälzerei, die hier wie im Niemandsland liegt. Auf den Geleisen rollen alle zehn bis fünfzehn Minuten Güterzüge vorbei. Ich erwarte jeden Augenblick Grenzpolizisten mit Maschinenpistolen und Schäferhunden, doch ich treffe auf eine rundliche Frau von etwa vierzig Jahren. Sie führt ein Reh am Strickhalfter auf die Wiese zum Äsen. Das Reh hebt kaum den schmalen Kopf, während ich mit der Frau rede. Es stellt die Lauscher erst auf, als es von der Frau angesprochen wird. Das Tier sei schon sieben Jahre alt, so anhänglich wie ein Hund und gehöre sozusagen zur Familie. Der Wildbahn entwöhnt, würde es sich nicht mehr in der Natur zurechtfinden.

Nachmittags bin ich auf der Suche nach Spuren der alten Elbschiffahrt im Heimatmuseum von Bad Schandau und Wehlen. In Schandau liegt ein armlanges Stück der Elbkette, die vor rund 140 Jahren die Schiffahrtsgesellschaft „Die Kette" von Hamburg bis Melnik im Tschechischen hat legen lassen. Vorher waren die Frachtkähne von Treidelmannschaften stromauf gezogen worden. Vier Groschen die Stunde erhielten die Treidler für diese harte Arbeit. Ein Laib Brot kostete damals einen Groschen.

Als die Kettenschiffahrt nach ihrer ersten Bewährung auf französischen Flüssen auch die Elbe eroberte, warfen die Treidler mit Steinen nach den neuen Booten. Statt des mühselig verdienten Brots fürchteten sie jetzt das Hungertuch. Doch der Aufschwung der Industrie und damit der Schiffahrt brachte auch den Familien an der oberen Elbe neue Verdienstmöglichkeiten. Die etwa fauststarke Kette lag auf dem Elbgrund. An ihr hangelten sich die ersten dampfgetriebenen Frachtschiffe stromauf. Am Steven lief die Kette auf Deck, wurde über Rollen und Lager gezogen und verschwand achtern wieder im Wasser. Der Lärm, den diese Kettenschiffe machten, muß gewaltig gewesen sein. Noch heute behaupten alte Einwohner von Schandau, sie hätten die Schiffe bereits von Rathen oder Königstein gehört, also bis zu zwei Elbschleifen stromabwärts. Auf die Idee, die Kraft der Dampfmaschinen auf Schaufelräder zu übertragen, kam man erst dreißig Jahre später.

Tags darauf suche ich die klassische Silhouette von „Elbflorenz", wie Dresden auch genannt wurde. Jene Atmosphäre des fürstlichen, ja weltstädtischen Dresden, wie sie die Gemälde von Leonardo Bellotto, einem Neffen Canalettos, beherrscht – sie finde ich freilich nicht. Die Brühlschen Terrassen, die Ruine des Schlosses, die schwarz verrußte Hofkirche, die Oper beim Wiederaufbau, alles wirkt nüchtern, wie leblos. Der pittoreske Reiz der Vergangenheit läßt sich nur ahnen.

Auf den rechtselbischen Wiesen natürlich keine Schäfer, keine Reisenden bei der Rast, keine Kaufleute, die ihre Fuhren oder Schiffe erwarten. Alles leer, wie verwaist. Nur eine Gruppe von Studenten, die vor der alten Brücke unter der Aufsicht ihres Lehrers Holzstative und Meßgeräte aufgebaut hat, das Vermessen des übriggebliebenen Alten und des kommenden Neuen zu üben.

In Aken an der Elbe,
Samstag, 27. Mai 1978
Ich sitze auf einer rot gestrichenen Bank im Grünen auf dem Deich. Gut hundert Meter von mir entfernt pendelt eine kleine Elbfähre mit Autos, Radfahrern und Fußgängern über den Fluß. Seit Torgau ist es die erste Autofähre, die ich in Betrieb sehe. Gestern wollte ich vor Wittenberg zweimal übersetzen, doch beide Fähren hatten den Betrieb eingestellt.
Die Landschaft ist weitläufig geworden. Hügel und Kuppen überragen nun nicht mehr den Fluß, nur noch Weiden, Pappeln und Erlen sind es, die hier, parkartig, bis ins Wasser hineinwachsen. Der Himmel weitet sich zartblau mit klassischen Schönwetter-Wolken. Der graubraune Fluß, mit der Schwarzen Elster und Mulde vereint, strömt nur leise rauschend gen Nordwest. Nach den einprägsamen Szenen der Sächsischen Schweiz ist die Beschreibung der weiteren Fahrt nicht leicht. Es fehlt an Erlebnissen, die sich ins Gedächtnis prägen und griffig in Worte fassen lassen.
Als erstes kommt mir Meißen in den Sinn. Eine gute halbe Autostunde von Dresden entfernt, beherrschen die Albrechtsburg und der Dom den Berg und die Stadt, auch die Elbniederung, so weit der Blick reicht. Der Aufstieg über steile Kopfsteingassen ist mühevoll. Einige ältere Besucher schleppen sich die letzten Stufen hinauf. Auf der Kuppe umfangen die Gebäude einen malerischen Platz. Links war im ausgehenden Mittelalter die Porzellanmanufaktur untergebracht, die so viel zu Meißens Ruhm beigetragen hat. An der Stirnseite über der Elbschleife beherrscht die Burg das Bild. Rechts schließt sich der ehemalige Bischofspalast an. In der Mitte, gerahmt und beschützt zugleich, ragt der Dom empor.
Streng, aber nicht kühl, wirkt beim Eintreten das Mittelschiff. Die gotischen Fenster lassen das Gewölbe viel höher erscheinen, als es im Verhältnis zur Breite wirklich ist. Die Führerin erklärt sachlich und ohne Schnörkel die Details: Den Lettner, die neue Orgel, die Versuche, den Innenraum wieder original mit Naturfarben auszumalen. Die Epitaphe der Bischofsgräber, das Stifterpaar in Sandstein, verschmitzt lächelnd die weibliche Figur, wohl vom selben Meister wie das des Naumburger Doms. Überraschend die porträtähnlichen Gesichter der Plastiken. Nach der typisierenden Darstellungsweise des frühen Mittelalters müssen solche menschlichen Züge damals revolutionär gewirkt haben.
Unterhalb der Burg vor dem Rathaus ist Markt. Auf Ständen und in festen Holzhäuschen haben schon kurz nach sechs Uhr früh die Händler Spielsachen und Blumen ausgebreitet, Präsentbeutel und Textilien, beispielsweise Hemden aus China. Auf Stühlen und Bänken sitzen Männer beim Starkbier, der Ausschank ist ständig umlagert. Daneben werden Fischsemmeln, wohl gleich gegen den Kater, Bouletten und Eis verkauft. Plötzlich ein unerwarteter Höhepunkt des recht munteren Treibens: Mit Trillerpfeifen und kleinen Trompeten kündigen sich zwei Dutzend als Kleinkinder kostümierte Schüler an. Die Mädchen haben die Haare zu kurzen Zöpfen eingedreht, einige nuckeln an Schnullern. Sie feiern den Schulabgang, die Prüfungen liegen hinter ihnen.
Vor dem Rathaus stoßen sie auf eine Gruppe von Neugierigen, die auf ein Brautpaar warten. Die weiße Hochzeitskutsche mit livriertem Kutscher steht bereit. Als das Paar heraustritt, gibt es ein ohrenbetäubendes Spektakel. Pfeifen und Trompeten schrillen auf, eine kleine Gruppe schreit: „Zicke zacke, zicke zacke, heu, heu, heu!" Die Brauteltern im Festgewand stehen fassungslos, flüchten verschreckt in ihre Autos. Das Brautpaar lächelt und läßt sich den Schlag zur Kutsche aufhalten. Mich wundert nur, daß die Schimmel nicht durchgehen. Hochzeit in Meißen, unvergeßlich.
„Im Sozialismus ist alles oder auch nichts möglich!" Die Meißner Schulabsolventen außer Rand und Band, das Brautpaar biedermeierlich mit weißer Kutsche und livriertem Diener – das paßt so wenig in unser Bild von der DDR wie manch andere Erlebnisse. Die Menschen geben sich auch in der Öffentlichkeit lässiger und zugleich selbstbewußter. Dem Fremden gegenüber ist viel von der Verkrampfung früherer Jahre weggefallen.

Am Elbe-Havel-Kanal,
Dienstag, 30. Mai 1978
Wieder ein strahlender Frühsommertag. Schon die Nacht war wolkenlos, sternklar, die Luft samtweich, wie wir es nur von südlichen Ländern gewohnt sind. Der Himmel zeigt sich morgens in zartem, ein wenig milchigem Blau. Ein erfrischender, nicht zu starker Wind fächelt Kühle.
Die „Buckau", ein knapp hundert Passagiere fassender kleiner Dieseldamp-

fer mit überdachtem Achterdeck, legt pünktlich um sieben Uhr dreißig vom Magdeburger Liegeplatz ab. Die meisten Reisenden gehören zu zwei Brigaden, die ihren Betriebsausflug auf der Elbe und dem Elbe-Havel-Kanal feiern wollen. Mit unverhohlener Freude und entsprechenden Zurufen beobachten die Brigadisten, wie Eisstangen und Bierfässer an Bord getragen werden. Ich stelle mich auf eine feuchtfröhliche Reise ein. Die Männer trinken nur notgedrungen eine Tasse Kaffee, bis das erste Faß Bier angestochen wird. Dann stehen sie an der kleinen Theke an, um die erste Runde Bier in Tulpengläser einfüllen zu lassen. Nicht lange, und es wird das gemeindeutsche Schunkellied angestimmt: „Ein Prosit, ein Prosit der Gemütlichkeit!"
Stromabwärts, nach Magdeburgs Hafen- und Industrieanlagen, erreichen wir nun endgültig die flache norddeutsche Ebene. Wie eine Bordüre säumen Büsche, Weiden und einzelne Pappeln die Ufer. Der Fluß ist noch breiter geworden, gelegentlich verästelt er sich wie bei einer Deltamündung und läßt Hochwassertümpel und Altwasserarme zurück. Zwei Dutzend Kühe, schwarz-weiß-gescheckt, stehen wiederkäuend auf frühlingsgrüner Wiese. Im Hintergrund stellen rostbraune Häuser mit einem Zuckerhutkirchturm ein Bilderbuchidyll. Nur etwa alle zwanzig Minuten begegnet uns ein Frachtschiff, ein sogenannter Selbstfahrer, oder ein Schubschiff mit zwei oder drei verkoppelten Schuten. Eine Schülergruppe, offensichtlich beim Ausflug mit ihrem Lehrer, schöpft aus alten Ruderbooten Wasser. Bunte Farbtupfer in der sonst einfarbig grünen Landschaft.

In Arneburg über der Elbe,
Mittwoch, 31. Mai 1978
Heute mit dem Auto von Magdeburg in die Altmark. Also gen Norden, nach Tangermünde und Stendal. Flaches, wieder eintöniges Land, in dem selbst die frühe Morgensonne nur geringe Kontraste schafft. Rechts und links der geraden Hauptstraße Kiefernwälder und Heidekraut. Dazwischen Panzerspuren und Verbotsschilder in deutscher und russischer Sprache, das also ist die Altmark.
Die sandige Nebenstraße einer Umleitung vor Tangermünde erinnert mich an alte Heidewege in den letzten Kriegsjahren. Eine dichte Staubfahne folgt meinem Wagen, überholt ihn beim Abbremsen am Dorfrand und legt sich auf Dächer, Simse und Türen. Alles im Dorf ist verstaubt und sieht ziemlich vergammelt aus. Dann erreiche ich eine lange, gerade, über sanfte Hügel sich schwingende Landstraße, kopfsteingepflastert. Zwischen den Spalier stehenden Bäumen taucht der spitze Kirchturm von St. Stephan in Tangermünde wie das Korn eines Zielvisiers auf und weist während der letzten Kilometer den Weg zur Stadt.
Tangermünde duckt sich unter der schon warmen Sonne des wolkenlosen Frühsommertages, eingeschossige Häuser, einige sind restauriert, reihen sich zu Geborgenheit verheißenden Zeilen. Die Altstadt mit den um die Jahrhundertwende restaurierten Wehrtürmen, Toren und Wiekhäusern wacht über der Elbe wie ein Posten. Zu Füßen der Backsteinstadtmauer hat sich der Elbhafen mit Lagerplätzen, Hallen und einem turmhohen roten Silo angesiedelt. Im Hafen liegen ein halbes Dutzend Lastkähne, davor hat ein Restaurantschiff namens „Störtebeker" auf Dauer festgemacht. Die Gassen und der Platz vor dem schönen spätgotischen Rathaus sind fast leer. Nur vor einem Gemüseladen eine Käuferschlange; es hat sich herumgesprochen, daß frisches Obst eingetroffen sei.
Gegen Mittag überrascht mich Stendal. Ich hatte mir einen grauen Industrieort vorgestellt. Die Innenstadt lechzt zwar, wie so viele Provinzstädte in der DDR, nach Farbe, doch der Wechsel von schmalen Gassen mit niedrigen Handwerker- und Bürgerhäusern zu großzügig angelegten Plätzen, dieser Kontrast schafft einen anheimelnden Reiz. Über die verschachtelten Häuser ragt streng und schlicht St. Marien empor. Seit der Restaurierung, die im Jahre 1972 abgeschlossen wurde, zählt die dreischiffige Hallenkirche aus dem 15. Jahrhundert wieder zu den schönsten norddeutschen Backsteindomen. Außergewöhnlich ist im Innern die astronomische Uhr, die außer Zeit und Tag auch die Mondphase, den Sonnenstand und die Sternzeichen anzeigt.
Nun sitze ich in Arneburg auf dem früheren Burgberg bei Kaffee und Eis. Die Elbe gleitet ohne Schwung an uns vorbei. Am jenseitigen Ufer stehen noch einige Wiesen und Weiden unter Wasser. Auf flachen Grasfetzen, die knapp aus dem Wasser ragen, nisten mindestens zwei Dutzend Schwäne. Von Zeit zu Zeit stieben einige mit hörbarem Flügelschlagen und Krächzen auf, es sieht wie eine Verfolgungsrunde aus, bis sich die Unruhestifter wieder neben den anderen im Schlick niederlassen. Träge fließt derweilen die Elbe weiter.

Schnackenburg,
Samstag, 17. Juni 1978
Jetzt bin ich also am äußersten östlichen Zipfel der Elbe angelangt, der von der Bundesrepublik Deutschland erreichbar ist. Auf dieser Seite wird heute der „Tag der deutschen Einheit" be-

gangen. Ein rechter Tag für eine Grenzfahrt. Um von Tangermünde, Stendal und Wittenberge nach Schnackenburg zu gelangen – auf der Elbe wäre es eine kurze Fahrt gewesen – mußte ich einen größeren Umweg machen. Der Übergang auf der Elbe ist nur Binnenschiffern erlaubt. Von Wittenberge führt der kürzeste Weg über Salzwedel und den DDR-Grenzübergang nach Bergen in die Bundesrepublik Deutschland. Dann fahre ich noch eine gute Stunde, bis ich über Lüchow und Gartow nach Schnackenburg komme.
Ein frischer Ostwind hat nach Regenfällen den Himmel blank gefegt. Das Licht ist so ungebrochen, so grell, wie ich es nur vom Hochgebirge im Herbst kenne. Das Grün der Weiden, das Blau des Himmels, das Rostrot der Ziegeldächer – wie auf manchen Werbepostkarten erscheinen alle Farben unwirklich intensiv. Ich stelle das Auto im Schatten kurz vor dem kleinen Hafen ab. Die Dorfstraße liegt heute, am Feiertag, fast verlassen. Ein Lebensmittelgeschäft hat eine Eisfahne herausgehängt, drei Mopedfahrer machen knatternd ihre Runden. Im Hafen liegen drei Zollboote an der Mole. Gegenüber, unter dem großen Schild „Schutzhafen", haben mehrere Binnenschiffe der Europaklasse, meist Tanker, festgemacht. Ich schlendere auf der Kaimauer entlang, um ein gelbes Herrenhaus herum, das heute Zoll- und Grenzbehörden beherbergt, und komme auf dem Deich zu einem übergroßen Fahnenmast, an dem bunte Wimpel neben den Landesfarben im Wind knattern.
Plötzlich belebt sich die Szene. Zwei Busse mit Touristen, die den 17. Juni zu einer Grenzfahrt nutzen, haben die Uferstraße erreicht. Geschäftig besetzen die meist älteren Ausflügler in wenigen Minuten den ganzen Deich, den Aussichtspunkt, das Zehn-Pfennig-Fernrohr und die Wiesen zur Elbe. Unten, an einer flachen Uferstelle, haben fünf Kanu- und Kajakfahrer ihre zusammenklappbaren Boote auseinandergezogen und startfertig gemacht. Sie binden sich orangefarbene Wasserschutzschürzen um, zwängen noch einiges Handgepäck in die Boote, tragen die leichten Bootsleiber ins Wasser und zwängen sich mit Geschick selber hinein. Einer kleinen Flottille gleich, gleiten die Boote am südwestlichen Elbufer entlang, den Strudeln an den Buhnenköpfen geschickt ausweichend. Auf der gegenüberliegenden Seite schaukelt das DDR-Zollboot. Ich erkenne keinen Beamten, der von der Abfahrt der Wassersportler Notiz nähme.
Das Ausschwärmen der Touristen unter dem Flaggenmast mit lautem Gerufe und Gerede hat etwas Peinliches. Es kommt einer Demonstration an diesem Platz zu diesem Tag gleich, obwohl sich diese Leute wahrscheinlich so benehmen, wie es alle anderen auch täten. Das Hinüberstarren zum anderen Ufer, zum anderen Teil von Deutschland, erscheint mir jetzt, nach einigen Wochen Fahrt durch die DDR, eher komisch. Das Begucken der östlichen Uferseite mit allem dort Sichtbaren gleicht der Neugier, mit der wir im Tiergarten vor exotischen Tieren am Gitter stehen.

Dömitzer Brücken, am selben Tag
In der Tageszeitung hatte ich gerade über die Dömitzer Eisenbahnbrücke gelesen, eine der ersten und längsten Rundbogen-Stahlbrücken in Europa. Der Bogen über der Fahrrinne ist 1945 beim Vorrücken der Alliierten Truppen gesprengt worden, ebenso wie der Mittelteil der Straßenbrücke, die etwas weiter westlich gelegen ist.
Die Bundesbahndirektion, auf deren Territorium der größte Teil der Brücke steht, will sie wegen Baufälligkeit abwracken lassen. Moderne Denkmalschützer wollen die unbenutzte Eisenbahnbrücke jedoch vor dem Abbruch bewahren. Ob sie nun als Mahnmal erhalten bleibt oder weiter vor sich hinrostet oder gar renoviert wird, ist ungewiß. Auf Bildern wirkt der Brückentorso irgendwie gewaltig, imposant. In der Natur ist sie lang und flach, ganz gemächlich sich über die Wiesen und den Fluß schwingend.
Gemeinsam mit anderen Ausflüglern pilgere ich auf der ehemaligen Fernstraße 191 den letzten Kilometer zu Fuß. Eine Barriere mit Verbotszeichen hindert allzu Kühne an der Weiterfahrt auf die mitten über der Elbe unterbrochene Brücke. Früher war dies eine der Hauptverbindungsstraßen zwischen Niedersachsen und Mecklenburg. Noch heute gibt es keine Verbindung zwischen Lauenburg und Salzwedel zur DDR.
Die Sonne steht etwa in der Mitte zwischen Horizont und Zenit. In dem überklaren Licht wirkt der Weg auf die zerstörte Brücke unwirklich, trostlos. Schritt für Schritt geht man auf der alten Brücke in die Elb-Landschaft hinein, überquert das seichte Marschland, das bei Hochwasser überflutet wird. Unter mir bleibt eine Gruppe schwarz-weiß gescheckter Kühe zurück. Die Buhnen teilen hier den Strom bis zur Fahrrinne, beschleunigen die Strömung und sollen das Versanden der Elbe verhindern. Auf dem nächstgelegenen Buhnenkopf hat es sich eine Gruppe Angler gemütlich gemacht. Während die Männer die Angelruten auswerfen, genießen die Frauen die Sonne. Dann stehe ich vor dem Ende. Ein Stahlgitter, grau gestrichen, schließt den westlichen Brücken-

kopf ab. Ein Panorama-Tableau zeigt den Standpunkt der Wacht- und Lichtanlagen auf der östlichen Seite. Eine Tafel erklärt die Bedeutung der Brücke bis zum Jahrè 1945. Ein Souvenir-Kiosk aus Kiefernbrettern ist noch verschlossen. Auch hier ist die deutsch-deutsche Grenze zur Fremdenverkehrsattraktion geworden.

Lauenburg an der Elbe,
Montag, 19. Juni 1978
Die Genehmigung des Bundesgrenzschutz-Kommandos in Hannover erreicht mich erst telefonisch in den frühen Morgenstunden. Während ich mit dem Fliegerhorst telefoniere, ist der Hubschrauber schon auf seinem Routineflug entlang der Grenze. Über Funk erhält er den Auftrag, mich an der kleinen Wiese zwischen Elbe-Lübeck-Kanal und Grenzkontrollpunkt um elf Uhr dreißig abzuholen. Wieder einer jener unwirklich klaren Frühsommertage. Mir ist etwas seltsam zumute. Ich stärke mich nochmal mit Tee und Keksen in der letzten Wirtschaft von Lauenburg. Dann parke ich meinen Wagen am Rande einer kleinen Wiese, die mir die richtige zu sein scheint. Der Grenzkontrollpunkt liegt kaum mehr als hundert Meter entfernt. Es herrscht Hochbetrieb, die Beamten meinen lakonisch: „Die Hubschrauber landen hier überall.“

Pünktlich um halb zwölf wird der Himmel vom Motorengeräusch eines Helikopters belebt. Ich stelle mich in die Mitte der Wiese, starre nach oben und erkenne einen französischen „Alouette“-Hubschrauber, der eine große Volte fliegt. Ich fürchte schon, man habe mich nicht gesehen und überlege, ob ich ihm mit dem Wagen nachfahren soll. Nach einem zweiten Orientierungsanflug landet der Hubschrauber etwa 25 Meter neben mir. Als das Rotorblatt mit dem typischen hohen Pfeifton zum Stillstand gekommen ist, gehe ich auf den Piloten zu. Obermeister Grothe drückt mir kräftig die Hand und sagt: „Nun müssen wir erst den Papierkram erledigen.“
Das ist aber gar nicht so einfach, da ich die Genehmigung nur telefonisch erhalten, nichts Schriftliches in Vertragsform vorzuweisen habe. Schließlich genügen doch die Kopien des bisherigen Schriftwechsels. Wir bauen die linke Seitentür des Helikopters aus, verstauen sie beim Bundesgrenzschutz an der Kontrollstelle, bringen alle lose in der Kanzel herumliegenden Sachen in Sicherheit, und ich beschränke meine Ausrüstung auf zwei Kleinbildkameras mit drei Objektiven und fünf Filmen, die ich in den Taschen meiner Windjacke griffbereit verstaue. Pilot Grothe reicht mir die Ohrmuschel mit den eingebauten Mikrofonen und erklärt die Drucktaste für mein Mikrofon. Wir schnallen uns mit den Vierpunkt-Hosenträger-Gurten an. Ich klemme mein rechtes Knie an die seitliche Instrumentenbox, das linke an den nun freistehenden Türholm. Ein kurzes Nicken, eine Sprechprobe, und nach dem vorgeschriebenen Überprüfen von Ladedruck, Treibstoff und Zündstrom beginnt der Rotor wieder zu kreisen. Der vom Boden zurückprallende Wind pfeift seitlich in die Kabine, läßt meine Hosenbeine um die festgestemmten Beine schlackern.
Schnell gewinnen wir an Höhe. Zweihundert, vierhundert, sechshundert Fuß. Vor uns liegt bereits der Zipfel der DDR-Grenzbefestigungsanlagen zwischen Boizenburg und Lauenburg. Ich lehne mich etwas hinaus, greife zur Kamera mit dem Weitwinkel und beginne mit den Aufnahmen. Keine Zeit, daran zu denken, daß ich, wie in einem Fahrstuhl ohne Tür, nun bald zweihundert Meter über Grund schwebe. Wir verständigen uns, daß wir knapp südwestlich der Elbe bis zur Dömitzer Brücke fliegen wollen. Das Wetter immer noch glasklar, außergewöhnlich gute Sicht, auch über die Grenze hinweg, die nun schon seit 33 Jahren eine deutsche Schicksalsgrenze ist. An der ersten Elb-Biegung liegt Bleckede, Häuser wie hingestreut in sattes, grünes Marschland. Kühe lagern im Schatten von Büschen, auf dem Fluß ein einzelnes Binnenschiff, ein Zollboot, ein kleines Motorboot. Dann Hitzacker, von oben gesehen ein verträumtes Spielzeug-Städtchen. Ich komme mir vor wie Gulliver auf Reisen.
Der Pilot erkennt unter uns ein DDR-Schnellboot. Er beschließt, die Identität des Bootes festzustellen. Die Elbe ist hier gewissermaßen internationales Gewässer, zwischen Lauenburg und Schnackenburg haben sich die DDR-Grenzorgane die Mitbenutzung des Flusses durch fortwährende Kontroll- und Sicherheitsbefahrung de facto ertrotzt. Der Grenzverlauf ist weiterhin umstritten. Während die Bundesrepublik Deutschland den Strom gemäß den alliierten Protesten bis zu den östlichen Buhnenköpfen als westdeutsches Gebiet ansieht, beharren die DDR-Ministerien auf einer Grenzziehung in der Mitte der Fahrrinne. Dies gab in den vergangenen Jahren immer wieder Anlaß zu Zwischenfällen. Sportboote, die über die Mitte des Stroms fuhren, wurden von DDR-Booten abgedrängt und in einen östlichen Hafen gezerrt.
Heute ist es ruhig. Auch hier scheinen die innerdeutschen Verträge die Atmosphäre entkrampft zu haben. Der Pilot hat inzwischen seine Maschine dicht über das DDR-Schnellboot gesetzt. Wir können die Marine-Uniformen und sogar die Haarfarbe der Besatzung er-

kennen. „Die Jungs werden nun etwas zu Grübeln haben, warum wir ihre Identität so genau wissen wollen", meint Obermeister Grothe und lacht unter seinem weißen Schutzhelm. Wir nehmen Kurs zur Dömitzer Brücke.
Aus rund dreihundert Meter Höhe sehe ich nun wieder die Bänder der Eisenbahn und der Straße 191 bis zur Strommitte laufen. Beide Brücken sind erst in den letzten Kriegstagen gesprengt worden. Die Bänder, die eigentlich verbinden sollen, ein Ufer mit dem anderen, die jetzt einen deutschen Staat mit dem anderen verbinden könnten, sind immer noch Symbole der Trennung.

Jork an der Elbe,
Donnerstag, 22. Juni 1978
Mein letzter Treffpunkt an der Elbe heißt „Teufelsbrücke". Hier, zwischen Altona und Blankenese, soll ich auf dem Anleger einen Lotsen treffen. Das Fotogerät ist im Wanderrucksack verstaut. Diesem recht ungewöhnlichen Rendezvous waren mehrere Wochen in Anspruch nehmende Verhandlungen vorangegangen. Denn schließlich darf nicht jeder auf einem Hochseeschiff mal schnell ein Stück elbabwärts fahren. Ein- wie auslaufende Schiffe müssen Mannschafts- und Passagierlisten führen. Der Zoll wacht über alle Bootsbewegungen. Das Mitfahren muß vom Hamburger Hauptzollamt genehmigt werden. Es ist mit Auflagen verbunden, wie es im Amtsdeutsch heißt. Der Grund für diese Regelung ist in den verschiedenen Hoheitsrechten der Unterelbe zu suchen, die hier zwar als Bundeswasserstraße deutsch ist, aber beispielsweise dem Hochseefrachter, der von der Nordsee kommt, bis in den Hamburger Freihafen einen zollexternen Status verleiht. Verzollt werden muß dann erst die Ware, die aus dem Freihafen in den Binnenmarkt transportiert wird. Dementsprechend müssen sich auch Personen, die auf der Elbe an und von Bord gehen, zollamtlicher Kontrolle unterwerfen.
Diese Formalitäten waren alle erledigt, als ich mich bei steifem Nordwest, Windstärke sechs, auf der Teufelsbrücke einfinde. In meiner Jackentasche stecken zwei Genehmigungen. So gerüstet und dennoch etwas fröstelnd, gehe ich auf dem Ponton rasch hin und her, während ich auf den Lotsen und eine Barkasse warte.
Nach starkem Regen hat sich auf der Rückseite eines Tiefs dieser frische Nordwest aufgemacht. Die Temperatur ist von 26 auf heute 14 Grad gefallen: April-Wetter. Auf der Elbe kleine Schaumkronen. Meine bejahrte und ausgeblichene Schirmmütze, die einmal blau war, muß ich immer wieder tiefer in die Stirn ziehen, wenn sie von einer Windböe angelupft wird. Da endlich, nach einer Viertelstunde Wartens, meldet sich mein Lotse. Ich hatte mir, dem überlieferten Klischee folgend, einen älteren Mann mit Bart, blauer Lotsenuniform und dem strengen Blick eines Befehlsgewohnten vorgestellt. Doch mein Lotse trägt eine graue Gabardine-Hose, graue Tweed-Jacke, Hemd und Schlips, er würde in keinem Büro auffallen.
An der Wand des kleinen Lotsenbüros auf dem Ponton sind die Bänder der letzten seismographischen Vermessung der Unterelbe aufgepinnt. Die mittlere Fahrrinne, die für die großen Schiffe die einzig befahrbare ist, weist Wassertiefen bis siebzehn Meter auf. Hier und da ragen rot gekennzeichnete Spitzen in der Fahrrinne empor. Treibsand, der gefährlich werden kann, wenn es sich um größere Partien handelt. Kleinere Höcker walzen die großen Schiffe meist unbemerkt wieder flach.
Unser Schiff sei die „Freedom", erklärt mir der Lotse, ein Tanker von knapp fünfundzwanzigtausend Bruttoregistertonnen unter liberianischer Flagge. Er habe in Hamburg gelöscht, laufe also jetzt mit wenig Tiefgang aus. Außerdem haben wir ablaufende Hochflut, so daß es eine problemlose Fahrt werde. Wir gehen auf die erste Barkasse, die uns zum Lotsenhaus der Hafenlotsen bringt. Als die „Freedom" auftaucht, hat sie bereits die Hafenausfahrt, vom Hafenlotsen geleitet, hinter sich. Die zweite Barkasse erkundigt sich über Funk, wo die Jakobsleiter ausgehängt worden ist, ob steuer- oder backbord. Als der riesige Schiffsleib näherkommt, als ich sehe, wie die Strickleiter an der Seite im Wind schlakkert, wird mir doch etwas mulmig.
Der leere Tanker ragt hoch aus dem Wasser hinaus. Die Außenhaut ist braun und rostig. An einzelnen Partien hat sich der Rost wie ein Geschwür in das Metall gefressen. Die Schiffswand nimmt nun unseren ganzen Blickwinkel ein: nichts als brauner Rost, spritzendes, gischtendes Wasser und eine windige Strickleiter.
Der Lotse wartet, bis die Barkasse, wie er mir später sagt, an dem Tanker klebt. Dann hängt er eine kleine Tasche über Kopf und Schulter auf den Rücken und klettert recht behend hinauf. Ich kann ihn gerade noch fragen, ob ich mich an den Sprossen oder seitlich an den Stricken festhalten soll. Er meint, in jedem Fall an den Stricken.
Mir kommt die Schiffswand mehr als haushoch vor, mindestens zwanzig Meter. Meinen blauen Rucksack habe ich auf dem Rücken, als mir der Bootsführer ein Zeichen gibt, daß der Lotse oben ist und ich nun hinaufklettern kann. Schon beim zweiten, dritten

Schritt schwankt die Leiter. Ich will mir keine Blöße geben und kralle mich am jeweils nächsten Strickstück zwischen den Trittstufen fest. Die Abstände scheinen mir unregelmäßig. Der Rucksack zieht, und ich werde vom Wind gebeutelt, obwohl wir auf der Leeseite an Bord gehen. Die Klettertour kommt mir endlos lang vor. Wie bin ich erleichtert, als mir an der Reling ein Chinese die Hand reicht, um mir beim letzten Schritt über die Bordwand zu helfen.

Auf der Brücke erwartet uns der chinesische Kapitän. Der Hafenlotse hat das Schiff seinem Kollegen, meinem Lotsen von der Unterelbe, übergeben. Die Jakobsleiter wird eingezogen, die „Freedom" geht auf halbe, kurz darauf auf volle Fahrt. Neben dem Kapitän stehen noch drei Chinesen auf der Brücke, Chinesen aus Taiwan, wie sie betonen. Keiner trägt Seemannsuniform, alle haben Jeans, farbige Hemden oder Pullover an. Der Koch bringt eine große Thermosflasche mit heißem Wasser, eine Nescafé-Dose und Trockenmilch, stellt sie mit ein paar Tassen zur freien Bedienung in die Ecke. Ich packe meine Kameras aus dem Rucksack und beginne mit den Aufnahmen. Währenddessen geht es auf der Brücke so ruhig und kühl wie in einem Operationssaal zu. Der Lotse hat das Kommando übernommen: „Two, zero, eight", das Schiff geht auf neuen Kurs. Der Steuermann wiederholt den Kurs, wenn er anlegt. Als wir uns einem Baggerschiff nähern, verlangsamt die „Freedom" ihre Geschwindigkeit, erst halbe, dann viertel Fahrt. Vorsichtig gleiten wir an einem der Tiefbagger vorbei, die unablässig gegen immer von neuem sich bildende Sandbänke in der Fahrrinne angehen.

Wir laufen mit dreizehn bis vierzehn Knoten elbabwärts, das sind rund fünfundzwanzig Kilometer pro Stunde. Fast zu schnell für mich, während ich Objektive wechsle und versuche, alle interessanten Punkte im Bild festzuhalten. Hier schaut das Reetdach eines Bauernhofs über den Deich. Dort steht das Kraftwerk, das unmittelbar am Elbufer das Wasser für Kühlzwecke benutzt. Dann sind es Bauern, die auf dem Feld arbeiten. Und es stehen als ständige Begleiter die rot-weiß gestrichenen Signalmasten der Elb-Befeuerung auf oder hinter den Deichen.

Der Strom weitet sich. Die Ufer verlieren an Prägnanz und Kontur. Die „Freedom" pflügt unbewegt vorwärts. Der Nord-West kann sie nicht aus der stabilen Lage bringen.

Der Lotse läßt Mittagessen bringen. Es gibt gesottene Hühnerhälften mit Pommes frites und grünen Erbsen, als Nachtisch einen knallroten Apfel. Der Lotse hat ein kleines, eingebautes Tischchen auf der Brücke in Fahrtrichtung, er ißt im Stehen. Bis zur Ablösung in Brunsbüttel darf er die Brücke nicht verlassen. Seine Kommandos, die den Kurs angeben, kommen knapp und sicher: „290, 282, 275".

Bei Brunsbüttel, kurz bevor wir die Zufahrt zum Nord-Ostsee-Kanal erreichen, geht wieder eine Lotsenbarkasse längsseits. Der Lotse für den zweiten Elbabschnitt bis zum Feuerschiff Elbe I kommt an Bord, ein blonder, hünenhafter Mann, der sich auf der Brücke aus einer dunkelblauen Wachstuchüberhose schält. „Damit schone ich meine Montur", sagt er und deutet auf die Rost- und Ölflecken auf meinen hellen Jeans, die ich mir beim Hinaufklettern geholt habe. Mein erster Lotse verläßt mit einem Händedruck die Brücke, wünscht mir weiter „Gut Sicht" und ist wenige Minuten später über die Jakobsleiter entschwunden.

Auch der blonde Hüne gibt nur knappe, sachliche Kommandos. Kein unnötiges Wort wird gesprochen. Interesse finden allerdings die entgegenkommenden Schiffe. Durch das Glas wird frühzeitig ausgemacht, um welchen Tanker, Frachter oder welches Containerschiff es sich handelt. Beim Kreuzen geht unser Lotse kurz an die Seitentür und winkt seinem Kollegen einen knappen Gruß zu, wie es Busfahrer tun, die sich auf ihrer Route begegnen.

Bald habe ich das Gefühl, schon im offenen Meer zu fahren. Die Elbmündung wird breiter und breiter. Wie ein Trichter öffnen sich die Ufer in die Nordsee. Auf der linken Seite geht die Fahrrinne knapp an Cuxhaven vorbei, meinem Zielort. Über Funk verständigt der Lotse den Barkassenführer, der uns kurz darauf erwartet. Die Jakobsleiter wird heruntergelassen, ich nehme meinen Rucksack und allen Mut zusammen, eile über die Eisenleiter bis zur Reling. Derselbe Chinese lächelt mich an, wünscht „Good journey". Dann stehe ich wieder auf den schwankenden Tritten, schaue weder nach oben noch nach unten, sondern mache mechanisch Schritt für Schritt, wobei ich gemäß einer Bergsteiger-Regel darauf achte, mit Händen und Füßen immer an drei Punkten festen Halt zu haben.

Es ist gar nicht mehr so schlimm. Die Barkasse schwankt, aber ich kann im rechten Moment auf das Deck überwechseln. Ein kurzes Winken, und nach fünf Minuten bin ich wieder an Land. Für den Beruf der Lotsen, die bei Wind, Eis und Kälte die Jakobsleiter hinauf und hinunter müssen, habe ich jetzt mehr Verständnis. Daß der Abschluß meiner Elbeerkundung fast ebenso anstrengend werden würde wie die Wanderung zur Quelle im Riesengebirge, hatte ich mir vorher nicht träumen lassen.

Autor und Verlag danken all denen, die durch Aufnahmegenehmigung oder Abdruckerlaubnis historischer Bilder bei der Gestaltung dieses Bildbandes halfen.
Besonderer Dank gilt dem Gesamtdeutschen Institut, Bonn, für die tatkräftige Unterstützung des Projekts und die Zurverfügungstellung von Texten und Photos aus dem Wandkalender 1979 „Die Elbe".
Die historischen Abbildungen sind mit freundlicher Erlaubnis folgenden Werken oder Sammlungen entnommen:
Photogalerie Bucher „Der Hamburger Hafen 1880–1910" von Erich Lüth, Verlag C. J. Bucher, Luzern 1978, Bildseiten: 133, 139, 141.
Sammlung Siegfried Brumme, Frankfurt am Main, Vorsatzkarte „Nova Totius Germaniae de Scriptio Teutschland".
Sammlungen der Heimatmuseen von Bad Schandau, Wehlen und Aken an der Elbe, Bildseiten: 8, 16, 22, 62, 63, 127, 148.
Matthaeus Merian „Deutsche Städte" Hoffmann und Campe Verlag, Hamburg 1963, Bilder der Seiten: 67, 92, 136.
Sammlung Merian, Bärenreiter-Verlag, Kassel, Bildseite 101.
„Topographische Geschichte der Stadt Dresden", Hilschersche Buchhandlung, Dresden 1777, Bilder der Seiten: 28, 31, 35, 45, 48, 57.
Privatarchiv: Bilder der Seiten: 6, 30, 40, 72, 75, 144, 153.
Die Luftaufnahmen der Bildseiten 107, 111, 114, und 115 wurden freigegeben vom Regierungspräsidenten in Darmstadt unter den Nummern: 1142/78 bis 1147/78.

Alle Farbaufnahmen und nicht gesondert gekennzeichneten schwarzweißen Photographien stammen von J. Albrecht Cropp, Eschborn-Niederhöchstadt.
Graphische Gestaltung: Manfred Büchmeier, Steinbach am Taunus.
Textredaktion: Dr. Hermann Rudolph, Bonn und Johannes Roth, Frankfurt am Main.
Color-Reproduktionen: FBS, Findl, Baumann und Semmler GmbH + Co KG, Martinsried bei München.
Schwarzweiß-Reproduktionen und Teilsatz: v. Oertzen GmbH + Co KG, Frankfurt am Main.
Produktion: Verlag alpha 9 GmbH, 6236 Eschborn am Taunus.

2. Auflage 1986
Printed in Italy, Eurograph S.p.A., Milano

ISBN 3-7243-0168-5